Ruth Brenig

Arbeit im Kindergarten

Ernst Klett Verlag Stuttgart

1. Auflage 1975
Alle Rechte vorbehalten
Fotomechanische Wiedergabe nur mit Genehmigung des Verlages
© Ernst Klett Verlag, Stuttgart 1975
Printed in Germany
Gesamtherstellung: Wilhelm Röck, Weinsberg
Reproduktionen: Wolfgang Gölz, Ludwigsburg
Layout: Peter Wilhelm
ISBN 3-12-921400-3

Vorwort

In der Bundesrepublik ist das Anfangsstadium der Vorschuldiskussion durch einseitige Verabsolutierungen extremer Positionen gekennzeichnet. Heute besteht ein gewisser Konsens darin, daß kindliche Lernprozesse gleichwertig in allen Bereichen zu initiieren und weiterzuführen sind: im psycho-motorischen ebenso wie im kognitiven und emotional-sozialen. Diese ganzheitliche Vorgehensweise ist ein Kennzeichen der vorliegenden Arbeit.

In der öffentlichen Diskussion wird gegenwärtig sehr stark die Frage der institutionellen Zuordnung der Fünfjährigen in den Vordergrund gestellt. Zwei polare Richtungen haben sich herauskristallisiert:

— Argumente für die Zuordnung der Fünfjährigen zum Kindergartenbereich wurden vor allem aus den Annahmen und Ergebnissen der Sozialisationsforschung abgeleitet, wonach sich die Förderung innerhalb altersgemischter Gruppen günstig auf die Persönlichkeitsentfaltung des einzelnen Kindes auswirke. Dieser Ansatz dient vielfach als Grundlage der Modellversuche im Elementarbereich.

— Ähnliche Ziele — jedoch von einem anderen Ansatzpunkt aus — werden angestrebt, wenn eine stärkere Verbindung zum Grundschulbereich im Sinne einer größeren Kontinuität der Förderung verlangt wird. Angesichts der hohen Quote an Kindern, die den Anforderungen zu Beginn der Schulpflicht nicht gerecht werden — und durch Rückstellung, Wiederholen oder Sonderschuleinweisung erste Mißerfolge erleben —, kann es nicht genügen, den vorschulischen Bereich isoliert zu verändern, sondern erfolgreiche innovative Maßnahmen müssen auf der pädagogischen Bezogenheit von Elementar- und Primarbereich aufbauen. Diese Intentionen versucht man vor allem in den Modellversuchen mit der sog. zweijährigen Eingangsstufe in die Praxis umzusetzen.

In allen Bundesländern sind Modelle zu den beiden alternativen Ansätzen eingerichtet worden. Eine Fülle von Richtlinien, Rahmenplänen und Programmen ist kennzeichnend für die verschiedenen Konzepte hinsichtlich der Ziele, Inhalte und organisatorischen Lösungen, die angestrebt werden. Die vorliegende Arbeit berücksichtigt die wertvollen Elemente dieser unterschiedlichen Ansätze, bringt extreme Standpunkte einander näher, stellt den lebendigen Bezug zur pädagogischen Praxis her und bildet damit eine realistische Integration möglicher pädagogischer Wege.

Die Modellversuche sind noch nicht abgeschlossen — eine bildungspolitische Entscheidung wäre daher gegenwärtig noch verfrüht. Für den Pädagogen kommt der Frage nach der institutionellen Zuordnung der Fünfjährigen ein nachgeordneter Stellenwert zu — geht es doch primär darum, den Kindern die Übergänge von einem Sozialisationssystem (Familie, Kindergarten, Schule) zum nächsten zu ebnen. Für die pädagogische Förderung haben daher auch — unabhängig von der jeweiligen Institution — gemeinsame Grundsätze Gültigkeit:

— Da die Lernfähigkeit eines Kindes auf seinen vorausgegangenen Lernerfahrungen aufbaut, ist es notwendig, möglichst frühzeitig angemessene Lernanregungen zu vermitteln (Allgemeine frühkindliche Förderung).

— Einzelne Kinder bringen aufgrund ihrer Lebens- und Lerngeschichte gegenüber den Anforderungen des Bildungswesens weniger günstige Lernvoraussetzungen mit. Um nachteilige Auswirkungen für diese Kinder so weit als möglich zu vermeiden, muß institutionelle Förderung besondere Lernangebote und entsprechende Vermittlungsformen bereitstellen (Kompensatorische Förderung).

— Die unterschiedlichen Lernausgangslagen der Kinder sind durch differenzierende und individualisierende Maßnahmen zu berücksichtigen (Differenzierung und Individualisierung).

— Da die Lernprozesse stark vom Anregungs- und Aufforderungscharakter der Umwelt abhängen, gilt es, den Kindern vielfältige Angebote durch die Mitglieder der Spiel- und Lerngruppe zu vermitteln (Soziales Lernen).

— Die Förderung soll den Kindern helfen, konkrete Situationen der Gegenwart und der nahen Zukunft leichter zu bewältigen. Daher müssen sich Lerninhalte und Methodik an den kindlichen Erlebnisbereichen und Erfahrungsweisen orientieren (Lebensnahe Förderung).

— Um die Probleme des Schuleintritts für das Kind zu vermindern, ist eine Übergangszone von der Familien- und Kindergartenerziehung zu den Lebens- und Lernformen der Schule zu schaffen (Kontinuität der Förderung).

— Die Zusammenarbeit mit den Eltern ist besonders zu pflegen. Die Einflüsse von „außen" (z. B. Spielkameraden, Medien) sind nach Möglichkeit in die Förderung miteinzubeziehen (Kooperative Förderung).

Die vorliegende Arbeit gibt eine Vielzahl wertvoller Anregungen, wie diese pädagogischen Prinzipien in konkrete, kindgemäße Situationen und Projekte umgesetzt werden können. Das Konzept baut auf den Erkenntnissen der neueren Kinder- und Jugendpsychologie auf, bezieht die Ergebnisse der Sozialisationsforschung mit ein und hat in seiner mehrjährigen Entwicklung eine beständige Revision und Evaluation aus der Praxis erfahren.

Helmut Wittmann

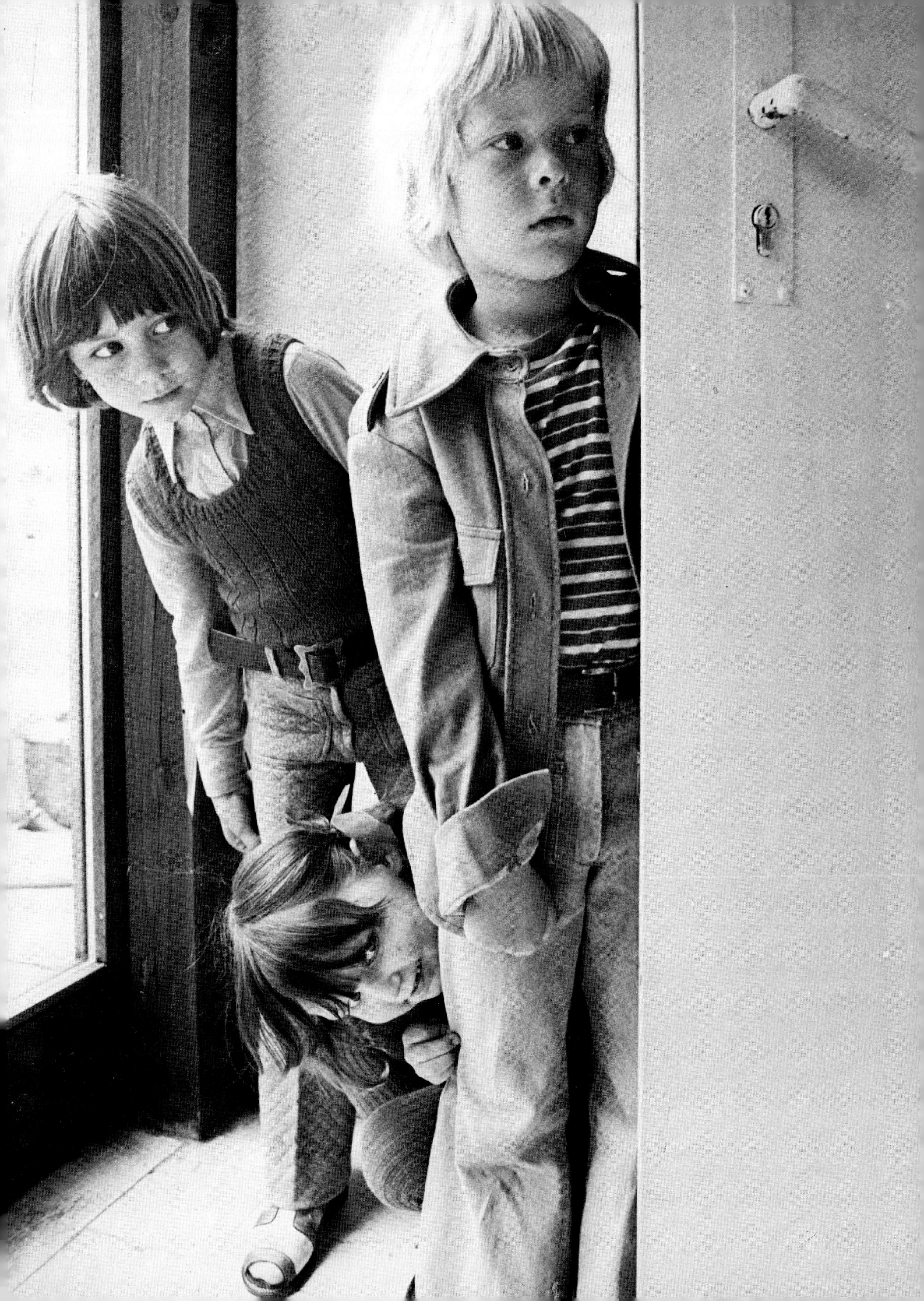

Inhalt

Grundsätzliche Überlegungen 6
Eine neue Umgebung 9
Ernte in Garten, Feld und Wald 15
Herbst im Land 23
Mein Körper und ich............... 31
Advent und Weihnachten 41
Wir erleben den Winter.............. 49
Narrenzeit 57
Arbeitende Menschen in unserer Straße .. 65
Frühling und Ostern 71
Kleine Tiere – Große Tiere 79
Meine Familie und ich 87
Was ich einmal werden möchte........ 95
Einkaufen – Verkaufen 105
Die große Reise................... 115
Andere Länder – andere Leute 125
Literaturhinweise 131

Grundsätzliche Überlegungen

Es gibt wohl niemanden mehr, der die Notwendigkeit intensiver pädagogischer Zuwendung für Kinder im Vorschulalter bezweifelt.

— Von der Tiefenpsychologie haben wir gelernt, welche prägende Bedeutung allen frühkindlichen Erlebnissen zukommt, so daß wir sie mit Bedacht abwägen sollten.

— Die jüngste Forschung konnte uns zeigen, daß Begabung und Intelligenz dynamische Größen sind, die bei entsprechender Beachtung und Herausforderung sich umfassender zu entwickeln vermögen, als wir bisher erwartet hatten.

— Entwicklungs- sowie sozialpsychologische Untersuchungen brachten die Erkenntnis, daß die Entwicklung einen kontinuierlichen in Reifung und Anregung sich wechselseitig befruchtenden Verlauf nimmt.

Ebenso deutlich sind die pädagogischen Zielvorstellungen, an deren Verwirklichung wir alle Kinder teilhaben lassen wollen. Sie könnten etwa lauten:

☐ Alle Kinder sollen Mut zur Verwirklichung ihrer selbst gewinnen, sei dies im Ausdruck ihrer Bedürfnisse, ihrer Wünsche oder ihres Denkens (Ich-Autonomie).

☐ Alle Kinder sollen fähig werden, sich zusammen mit anderen als handelnde Glieder einer Gemeinschaft zu erleben (Sozialkompetenz).

☐ Alle Kinder sollen bereit und fähig werden zur umfassenden Begegnung und erfolgreichen Auseinandersetzung mit den Gegebenheiten ihrer Umwelt (Sachkompetenz).

Ungeklärt ist noch, auf welchem Weg wir der Erfüllung dieser Voraussetzungen und Zielvorstellungen möglichst nahe kommen. Dabei gerät die Diskussion unabänderlich in das Spannungsfeld widersprüchlicher, aus der Tradition geborener Erwartungen zwischen Kindergarten und Schule, in einem Augenblick, in dem beide sich zur Revision ihres Gefüges anschicken.

Unsere Suche nach einem optimalen pädagogischen Weg für die Kinder vor der Einschulung begann angesichts der Aufgabe, die sich häufenden neurotischen Symptome jüngerer Schulkinder ursächlich und therapeutisch in den Griff zu bekommen.

Die gegensätzlichen Meinungen aus Kindergarten und Schule zeigen sich unter anderem bei der Überlegung, ob die ganze Breite menschlicher Kompetenz über die Gestaltung altersheterogener oder altershomogener Kindergruppen zu erlangen sei. Dabei nimmt die Kindergartenpädagogik fest an, daß — ausgehend von der natürlichen altersgemischten Konstellation in der Familie — hier ein günstiger Boden für das Erlernen positiver Verhaltensweisen sei und daß unerwünschte Verhaltensweisen in einer altersheterogenen Gruppe automatisch ausbleiben.

Abgesehen davon, daß ein derartiger Optimismus allein schon mit Blick auf die Größe einer Kindergartengruppe gegenüber der Familie widerlegbar ist und daß selbst die Vertreter dieser Anschauung ihr Vorhaben nicht an einem einzigen Kindergartenvormittag konsequent durchführen können, geht die Diskussion über Altersmischung und Altersgleichheit psychologisch gesehen an der Wirklichkeit vorbei. Für stützende und fördernde Maßnahmen ist eben gerade nicht das Alter eines Kindes, sondern das Niveau seiner Entwicklung maßgebend.

☐ Wir haben uns nach diesen Überlegungen entschlossen, flexible entwicklungshomogene Gruppen zu gestalten. Selbstverständlich ergibt sich dabei eine gewisse Altersstreuung, jedoch nie über drei Geburtenjahrgänge wie in der altersheterogenen Kindergartengruppe. Der altersgebundene Klassenverband der Schule ist uns dabei ebenso fremd.

Wenn in einer solchen entwicklungshomogenen Gruppe zum Beispiel auffallende Leistungsdifferenzen, an denen man messende Überlegungen anstellen könnte, kaum vorhanden sind, dann lösen sich übertriebenes Leistungsstreben und Konkurrenzdenken gegenstandslos auf. Und mit dem gesättigten Wissen, fest in der Mitte von Gleichgesinnten zu stehen, verliert die soziale „Hackliste" geradezu automatisch an Bedeutung.

Die Schulpädagogen möchten mit einer didaktisch-methodischen Wendung zur flexibleren Unterrichtsgestaltung unseren Kindern die Ganzheit des Erlebens geben. Dem gegenüber verbannen die Reformatoren des Kindergartens über die Einführung der Intensivgruppenbetreuung — als Konsequenz ihrer altersheterogenen Großgruppe — in der Praxis all das, was sie in der Theorie fordern.

Wir wissen, daß unsere Kinder in vieler Hinsicht gestört reagieren, wenn die Ganzheit eines Spieltages zerstückelt wird. Beide, das Stundenplanmosaik einerseits und die sogenannte Intensivgruppenbetreuung andererseits, zerreißen die Ganzheit.

☐ Wir können in der entwicklungshomogenen Kleingruppe jede motivations- und erfahrungsträchtige Situation in selbständigen sowie kooperativen Akktivitäten über Spiel- und Lernangebote zu einem ganzheitlichen pädagogischen Erlebnis werden lassen. Kinder und Erzieherinnen erleben einen in sich geschlossenen, harmonischen Tag und sind zufrieden.

Es wird dadurch gleichzeitig zum Ausdruck gebracht, daß wir ein Anregungsangebot für bestimmbar halten, welches unsere pädagogische Zielvorstellung — nämlich Ich-Autonomie, Sozialkompetenz und Sachkompetenz zu entwickeln — als Ganzes zu erfassen vermag. Ein solches Anregungsangebot kann sich nicht nur, wie zeitweilig vorgeschlagen, entweder nach psychischen Funktionen oder nach wissenschaftlichen Fachbereichen ausrichten. Es muß auch eingleisig bleiben, wenn es entweder von kategorial zusammengefaßten Lebenssituationen oder allein von kindlichen Aktivitätsformen ausgeht. Da alle diese Ansätze ohne Frage eine ganz spezifische Relevanz und eigentümliche Berechtigung haben, keiner für sich allein genommen aber einen ganzen Menschen anzusprechen, auszufüllen und zu fördern vermag, haben wir eine Integration aller dieser Ansätze versucht.

☐ Wir gehen aus von einer aktuellen oder auch vorhersehbaren Situation — deren motivierende Kraft für mehr als ein Kind zur selben Zeit von uns im Ablauf von drei Praxisjahren erprobt wurde —, klopfen sie auf jene thematischen Sachverhalte ab, die einen hohen Stellenwert im Aktionsfeld unserer Kinder zeigen, und ordnen das Ganze nach Lernzielbezügen.

Nicht ganz einfach ist die Stellung der Eltern angesichts der Flut von Informationen aus Psychologie, Soziologie und Pädagogik und der Sintflut möglicher Auslegungen. Ihre Haltung ist entsprechend zerrissen und variiert von ehrlichem Engagement bis zur Flucht vor der Verantwortung. Nun wird wohl keine pädagogische Einrichtung die Eltern aus der Verantwortung gegenüber ihrem Kind entlassen, es bleibt jedoch die Frage offen, in wie weit Kindergarten und Schule in ihrer derzeitigen Form die Eltern in das pädagogische Dreieck überhaupt einbeziehen können.

☐ Wir haben über das freie Angebot von Elternseminaren und über die Möglichkeit zu täglichen Gesprächen versucht, Ängstlichkeit und Voreingenommenheit abzubauen und pädagogische Sensibilität zu erhöhen. Voraussetzungen für diese Maßnahmen waren eine Kürzung der Betreuungszeiten und freiwillige Helfer für die Gruppenarbeit.

Der in der Praxis stehende Erzieher, sei er nun aus dem Kindergarten- oder Schulbereich, weiß, wie problematisch sich die Überfüllung der Schul- und Gruppenräume unter den verschiedensten Aspekten auswirken kann. Im Kindergartenbereich erhofft man Entlastung über den Einsatz von einer und einer halben Erzieherin pro Gruppe. Wohl ist das Verhältnis von Zahl der zu betreuenden Kinder pro Erzieherin nun deutlich verbessert, doch sind andere Probleme dafür eingetauscht worden. In einer ohnehin vollbesetzten Gruppe erhöht ein weiterer Erwachsener die Unruhe und das Gedränge, und die Kinder pendeln zwischen den sich wechselweise anbietenden Bezugspersonen hin und her. Viele Erzieher sind in kurzer Zeit durch das Übermaß an pädagogischer Verantwortung überfordert und scheiden als echte Partner für das Kind aus. Für beide Seiten bleiben Leere und Verwirrung zurück.

☐ In unseren Gruppen mit maximal 16 Kindern hat jedes Kind im wahrsten Sinn des Wortes Raum zur persönlichen Entfaltung, zur partnerschaftlichen Kontaktnahme und zum Aufbau einer innigen Bindung an eine ständige und beständige Bezugsperson.

☐ Der organisatorische Aufbau unserer Arbeit ist denkbar einfach.

— Die Frage der Unterbringung wurde durch das Entgegenkommen der interessierten Gemeinden gelöst. Wir benutzen Schulräume, die ungenutzt oder abseits vom übrigen Schulbetrieb liegen und in einer für unsere Kinder überschaubaren Entfernung zum Wohnbereich anzutreffen sind.

— Diese mietfrei zur Verfügung gestellten Räume helfen wesentlich bei der Lösung unserer Finanzierungsfragen, so daß wir die Beitragssätze pro Kind und Monat den üblichen Sätzen kommunaler und kirchlicher frühpädagogischer Einrichtungen gleichsetzen können.

— Damit ist die Voraussetzung geschaffen für den Besuch aller Kinder. Seit 1970 wurden in unserer Einrichtung insgesamt 1150 Kinder betreut. Das waren 75—95 % aller Kinder zwischen 4;5 und 6;5 Jahren aus drei Gemeinden. Diese Breite unserer Arbeit erlaubt statistisch gesicherte Aussagen. Wie etwa die, daß es uns gelungen ist, die bundesübliche Schulrückstellungsquote von 5 % auf weniger als 1 % zu senken.

— Die Betreuung der Kinder liegt in den Händen von 24 voll ausgebildeten Erzieherinnen, die je nach Notwendigkeit eingestellt werden.

☐ Die Inhalte unserer Arbeit sollen hier beispielhaft vorgestellt werden. Wir erheben keinen Anspruch auf Vollständigkeit, obwohl wir erstmals in einer Art Zusammenschau alle bis jetzt zum Thema veröffentlichten Arbeiten in der Bundesrepublik darin verwoben haben. Wir halten das hier Vorgelegte vielmehr für die anregende Basis einer fruchtbaren, kritischen pädagogischen Arbeit. Der Erzieher kann je nach Gruppenkonstellation auswählen, das Angebot erweitern oder verändern.

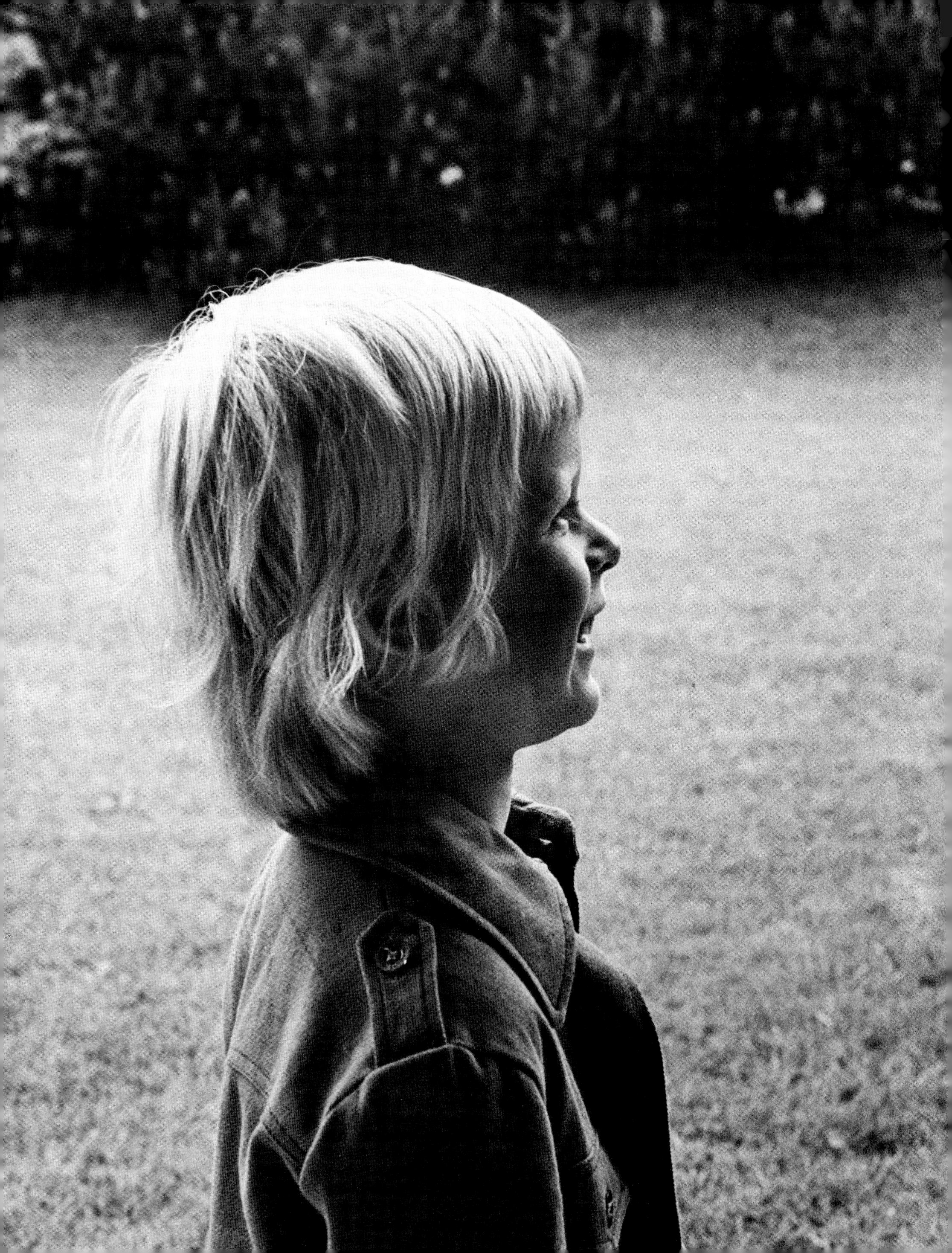

Eine neue Umgebung

Ein neues Kindergartenjahr beginnt, und wie bei jedem Anfang stehen auch hier die unterschiedlichsten Empfindungen, Erwartungen und Wünsche nebeneinander. Es liegt an uns, ob die Freude wächst oder sich in Enttäuschung verkehrt, ob die Neugier befriedigt wird oder ob das Kind sich gelangweilt abkehrt, ob das Gemeinsame wachsen kann oder brüchig wird. „Ob es mir bei dir gefällt, weiß ich noch gar nicht!", sagt das Kind. Es behält für alle Fälle die Mütze auf und die Jacke an, als wolle es sich den Rest persönlicher, gewohnter Umgebung bewahren. Die Jacke legt es ab, als ihm beim Spielen warm wird. Die Mütze reicht es erst einige Tage später der Erzieherin: „Du darfst sie auch aufsetzen!" Jetzt hat das Kind zu seiner neuen Umgebung Vertrauen gefaßt und seinen Platz darin gefunden.

Eine neue Umgebung

Das erste Kennenlernen einer neuen Umgebung ist außerordentlich vielschichtig. Jedes Kind kommt mit einer anderen und ganz persönlichen Vorgeschichte. Da ist ein Einzelkind, das noch nie ohne die Mutter war. Dann begrüßt uns eines, dessen Geschwisterchen schon im Kindergarten war, und schließlich springt eines zur Tür herein, das schon ein Kindergartenjahr verbracht hat und nun als Hausherr die Neulinge empfängt. Wir stellen uns auf scheue, zurückhaltende Kinder ebenso ein, wie auf sich durchsetzende, besitzergreifende und auf solche, die damit Ängste zu überspielen versuchen.

Sprachbezug

Begreifen und Benennen einer neuen räumlichen, gegenständlichen und menschlichen Umgebung.

Kinder finden und benennen die Beziehung, die sie selbst zu der neuen Umgebung bekommen.

Räumliche Beziehungen können verbal erfaßt werden.

Es muß gelingen, allen Kindern die neue menschliche, dingliche und organisatorische Umgebung vertraut zu machen.

Dabei gehen wir vom *künftigen eigenen Platz* des Kindes aus. „Hier ist *dein* Kleiderhaken und *dein* Schuhfach, hier ist *dein* Platz im Schrank und Waschraum." Überall bringen wir das vorbereitete Namensschild des Kindes an. Nun weiß es, daß es hierher gehört und daß man es erwartet hat. Aus der Sicherheit dieses neuen und durchaus eigenen Bereiches heraus können wir weitere Räume mit dem Kind zusammen erkunden.

Jedes einzelne Zimmer, seine Funktion, seine Ordnung und seine Lage im Verband der anderen Zimmer sollten bekanntgemacht werden.

Eine lustige Polonaise, bei der die Kinder bekannte Lieder nach eigenen Wünschen singen, ist der richtige Rahmen für eine Ortsbesichtigung. Wir kriechen bis in den letzten Winkel des neuen Hauses, öffnen Türen, steigen Treppen hinauf und wieder hinunter. Ecken, vor denen man Angst haben könnte, werden besonders eingehend untersucht. Gänge, die sich zum Verwechseln ähnlich sehen, bekommen unterschiedliche Namen. Zimmer mit speziellen Funktionen, z. B. die Küche, die Toiletten und Waschräume werden ganz genau erkundet. Die Kecken probieren gleich selbst aus, wie Wasserhähne, Klospülung und Papierrolle funktionieren, während die vorjährigen Kinder erklären, daß man bestimmte Regeln beachten muß, um diese Funktionen für uns alle befriedigend zu erhalten.

Auch um das Haus herum und auf dem *Spielhof* gibt es ungezählte Neuigkeiten, die unsere Kinder kennenlernen und ausprobieren möchten. Dabei ist aus der Polonaisekette zur Abwechslung eine Eisenbahn geworden, die von den inzwischen mutig gewordenen „Lokomotiven" angeführt wird. Sollten Mütter oder Geschwister noch vonnöten sein, so fahren sie im Kohlenwagen einfach mit.

Aussprechen des eigenen Namens und des Namens eines Freundes oder des Erziehers.

Auf dem Spielhof gestalten wir erste gemeinsame Ball- und Kreisspiele, bei denen die Kinder sich untereinander mit ihren Namen nennen. *Einen neuen Freund* bei seinem Namen zu kennen ist schön, und ihn zu rufen, erfordert viel Mut.

Sozialbezug

Kinder gewinnen Vertrauen in die eigenen Fähigkeiten und nehmen aus dem Gefühl des Selbstwertes die Kraft zum positiven Gruppenkontakt.

Kinder knüpfen einen ersten Kontakt zu Erwachsenen außerhalb ihres Familienkreises.

Wir spielen: „Ich suche einen Freund", „Höfliche Chinesen", „Wer fängt den Ball?", „Wer ist das?", „Schatten raten" (die Beschreibungen dieser Spiele findet man in der Kinderspielekartei von W. Künne)

Für diese ersten Spiele ist wichtig, daß die Gemeinschaft locker geschlossen ist, Polarisierungen vermieden werden und daß sich keine Gruppierungen herauskristallisieren; die Individualität des einzelnen Kindes muß in jedem Moment erkennbar sein. Erst aus der Geborgenheit des Wissens um den *Wert der eigenen Person* wächst die Bereitschaft zur Gestaltung einer mitmenschlichen Gemeinschaft.

Eine Bastelei in der Gruppe bietet sich besonders an. Hier kann jedes Kind seinen persönlichen Wünschen und Neigungen entsprechend einen eigenen Beitrag leisten, der dann unentbehrlicher Bestandteil einer ganzen Gruppenarbeit wird.

Literaturkontakte

Zum Vorlesen und Erzählen treffen wir uns bei: „Frederic" (L. Lionni), „Der kleine Nerino" (H. Galler), „Fenny" (H. Baumann), „Ich und Du" (T. Reich), „Herr Minkepatt und seine Freunde" (U. Valentin).

Raumerfassung und Sinnesschulung

Kinder erfassen das Ordnungsprinzip „oben" und „unten".

Kinder erkennen, daß sich Aussagen über die Raumordnung nach dem Bezugspunkt richten.

Das neue Haus hat *ein Oben und ein Unten*. Wir selbst und unsere Freunde haben auch ein Oben und Unten, so wie die Dinge um uns herum entweder oben oder unten einzuordnen sind. Manchmal können wir diese Ordnung auf den Kopf stellen. Meist gelingt uns das allerdings nicht. Kein Haus steht auf seinem Dach. Aber wenn wir Kaminkehrer spielen, kann uns das Dach, das sonst hoch über uns ragte, von unserem Kaminausguck her gesehen unten erscheinen. Die Gliederung des Raumes in oben und unten scheint also von unserem Standpunkt abhängig zu sein.

In den verschiedensten Spielen können wir solche Oben- und Untenbezüge herstellen: Fingerspiele zum Beispiel: „Steigt ein Büblein auf den Baum", „Pinke pank der Mops ist krank" oder Gemeinschaftsspiele wie: „Alle Vögel fliegen oben". (Viele weitere Spiele dieser Art sind zu finden in dem Buch „Didaktische Spiele" von M. Arndt)

Die Raumordnung von „oben" und „unten" ist nicht beliebig umkehrbar.

Besonders aufregend wird unser Spiel von den Bremer Stadtmusikanten. Man kann es mit oder ohne Masken spielen. Selbst die schweigsamen, noch ein wenig fremdelnden Kinder wagen ein Hundebellen, I-A-Schreien oder Katzenmauzen. Beim Turm der Tiere erkennt jeder, daß die Aufeinanderfolge der Tiere hier sicher einen Sinn hat und nicht umgekehrt werden darf. (Weitere Spielanleitungen zur Frage der räumlichen Anordnungen finden wir in „Denke mit" von H. Gieding).

Musik und Bewegung

„Oben" und „unten" können Kinder mit Musik und Bewegung darstellen.

Das Gegensatzpaar dieser Raumbestimmung kann man musikalisch ineinander übergehen lassen.

Mit Musik und Bewegung können die Kinder *Hohes und Tiefes* angeben und von anderen erraten lassen. Dabei verbindet sich der hohe Ton mit der Vorstellung von oben und der tiefe Ton mit der Vorstellung von unten. Wenn man an die harmonische Verbindung der beiden Extreme denkt, kommt uns die schwingende Schaukel oder das wiegende Puppenbett in den Sinn.

Töne kann man zeichnen, und in der Darstellung kann man angeben, ob es sich um hohe oder tiefe Töne handeln soll („Klänge" von M. Küntzel-Hansen).

Bildnerisches Gestalten

Erste Begegnung mit dem im Kindergarten angebotenen Material zur freien Gestaltung.

Erster konstruktiver Umgang mit neuem Material.

Eine Gruppenspielidee wird gemeinsam ausgeführt.

Weiterführung in: „Arbeitende Menschen in unserer Straße".

Konfrontiert mit all dem Neuen sollten die Kinder besonders im Bereich des bildnerischen Gestaltens die Möglichkeit haben, sich frei zu entfalten und das Vertrauen zu sich selbst zu festigen. Thematische Vorgaben treten zunächst in den Hintergrund. Den Kindern ist überlassen, ihre ganz persönlichen Ideen zu verwirklichen. Das Erlebnis einer neuen Umgebung trägt ohnehin einen starken Aufforderungscharakter in sich. Hier bietet sich an, *die Idee des Hauses zu gestalten* — mit Holzbausteinen, aus Lego, aus Pappschachteln und Faltpapier. Wir malen Wunschzimmer oder Traumhäuser und kleben sie zu einem Fries zusammen. Längsgestellt wird daraus eine Stadt, und übereinander angeordnet haben wir ein Hochhaus vor uns, in dem die verschiedensten Leute oben oder unten wohnen. Und damit wir immer sicher wissen, wo bei unseren Häusern „oben" ist, bekommen sie leuchtend rote Dächer mit schönen Ziegeln drauf. Über der Eingangstüre wird eine schwingende Willkommensgirlande aufgehängt. Und während wir uns Mühe geben zu entscheiden, wo „oben" und wo „unten" ist, weiß es das Stehaufmännchen, das wir in der Gruppe basteln, ganz von allein.

Die neue Umgebung wird im spielenden Umgang vertraut.

Das neue Haus kann aus vielerlei Material entstehen. Einmal wird es aus Steinen gebaut, dann regen leere Pappkisten zum Bau eines Hauses an.

Uns fällt auf, daß stets ein geräumiges Haus entsteht, in dem alle neuen Freunde Platz haben. Einige Kinder knüpfen den ersten Kontakt zu einem neuen Freund beim Hausbau. Es entsteht ein Fleckchen „Eigenes" in ungewohnter Umgebung und ebenso „eigen" wird dann der neue Freund.

Mit neuen Freunden werden Pläne für gemeinsame Spiele geschmiedet. Anfänglich bevorzugt man Spiele, an denen alle Kinder beteiligt sind. Im Kreis faßt man leichter Mut, und es fällt nicht so ins Gewicht, wenn das eine oder das andere Kind noch abwarten möchte.

Um uns in der neuen Umgebung zu orientieren, bringen wir sie in eine erste Ordnung. Wir ordnen nach der Überlegung, ob etwas „oben" liegt oder ob wir es „unten" finden. Oliver will auf jeden Fall ganz oben sein. Es ist schön, alle von oben zu sehen, sei es vom Baum oder von der Schaukel.

Das Stehaufmännchen kennt sein „Oben" und „Unten" von selbst. Wir nehmen Kugeln mit einem Durchmesser von etwa 5 cm. Holz ist schön, griffig, haltbar und spielgerecht, Styropor ist billig. Die Kugeln bekommen eine einseitige Bohrung von 2 cm Tiefe und etwa 8 mm Durchmesser. In dieses Bohrloch stopfen wir so viele Bleikugeln aus einer Gardinenschnur, wie gerade hineingehen, und verschließen sie. Das Kugelmännchen bekommt ein Gesicht und viele Haare aus Wolle, Bast oder Fell.

Ernte in Garten, Feld und Wald

Ein frischer Apfel zum Pausebrot, das Birnenkompott zum Mittagessen, der Zwetschendatschi am Nachmittag. Herrlichkeiten am laufenden Band. Und dann auch noch der Mann auf der Straße mit dem Lastauto. Er ruft und wirbt: „Frische Kartoffeln — 10 Pfund nur eine Mark!"
Wohl gibt es das ganze Jahr hindurch Obst und Gemüse aus vielen Ländern exportiert und konserviert in unseren Läden oder Märkten, doch jetzt wird das Angebot für wenige Wochen zum Überfluß. Mütter kochen Marmeladen und Mus, konservieren Obst und Gemüse, frieren eine ganze Kühltruhe voll ein. Aber die wenigsten Kinder erleben noch die Atmosphäre einer glücklichen Ernte.

Ernte in Garten, Feld und Wald

Sprachbezug

Neue Begriffe werden erworben, und bekannte Wörter werden belebt.

Kinder können Oberbegriffe finden.

Literaturkontakte

Sozialbezug

Kinder erfahren, daß wir einander helfen und füreinander arbeiten. Wir sind füreinander da.

Kinder gewinnen Einblick in das Zusammenspiel der natürlichen Umwelt und lernen, es zu erhalten statt zu zerstören.

Natur- und Sachbegegnung

Was bedeuten die Früchte der Natur für jeden einzelnen?

Wir wollen versuchen, die Begriffe „Ernte" und „ernten" für jedes Kind in unserer Gruppe mit einer lebendigen Vorstellung zu verknüpfen.

Wo ernten wir? In Gärten, Feldern, Wäldern und Wiesen. Vielleicht müssen wir einen weiten Spaziergang unternehmen, aber er wird sich lohnen. In Gärten dürfen wir sicher helfen beim Pflücken und Klauben von Äpfeln, Birnen und Zwetschen. Für den Bauern sind wir nicht gerade eine willkommene Hilfe. Wir stehen ihm vielleicht sogar im Weg, wenn die Erntemaschinen vom Traktorfahrer über die Felder gesteuert werden. Aber nachsammeln dürfen wir Kartoffeln, Rüben oder Mais. Und wenn wir die vollen Taschen in seiner Scheune ausleeren, zeigt uns der Bauer zur Belohnung vielleicht seinen ganzen Hof. Jedes Lebewesen auf dem Hof ist in vieler Beziehung von der Ernte abhängig. Der Bauer kann über gute und schlechte Ernten berichten.

Wir spinnen den Faden weiter und lesen in der Kindergruppe unter anderem: „Der Bauernhof" (R. Nußbaumer), „Bei uns im Dorf" (A. Mitgutsch), „Vom Gras zur Butter", „Vom Korn zum Brot", „Von der Rübe zum Zucker" (Mari), „3 mal 3 an einem Tag" (J. Krüss), „So geht das Jahr durchs Land" (J. Burmingham), „Brot" (R. Thum), „Frau Holle" (Grimms Märchen).

Beim Lesen und Dramatisieren dieses alten bekannten Märchens stoßen wir auf die Frage, wie viele *helfende und arbeitende Menschen* nötig sind, um eine Ernte gelingen zu lassen, und welche unangenehmen Konsequenzen es hat, wenn jemand seine Hilfe versagt. Dabei brauchen wir unseren Kindern nicht unbedingt alle Zusammenhänge der Ursachen und Wirkungen darzustellen. Die Beobachtung an der Maschine zur Kartoffelernte ist allein schon sehr aufschlußreich: Vom Traktorfahrer über die sortierenden Frauen bis zu den abladenden Männern kann keiner die Arbeitsgemeinschaft verlassen, ohne den Arbeitsablauf erheblich zu stören. „Aber warum sollen die nicht mal eine Pause machen?" Eines der Kinder gibt die Antwort: „Weil sie fertig werden müssen, solange die Sonne scheint!"

Bei aller Anstrengung ist die Ernte *abhängig von der Witterung,* von Sonne und Regen im richtigen Verhältnis und von einer guten und fruchtbaren Erde. Bevor wir uns von dem Bauern verabschieden, singen wir ein Lied als unseren Beitrag zum Erntedankfest.

Es gibt ein altes Märchen „Das Kind und die Ähren", das gleichnishaft darauf hinzuweisen versucht, wie folgenschwer die Mißachtung der Ernte sein kann. Heute kann man Ähnliches in drastischer und geradezu tragischer Form beobachten: Äcker verdorren an Straßenrändern und im Umkreis von Flugplätzen, Gewässer ersticken im Unrat unseres Mülls. Unsere Welt und das Gleichgewicht in ihr muß sorgsam beobachtet und geschützt werden. Wir veranstalten einen *Tag der „sauberen Umwelt",* suchen die Mülldeponien unserer Stadt auf oder lassen uns Wasserklärungen zeigen. Es ist selbstverständlich, daß Kinder den ganzen Umfang der Fragen zum Umweltschutz noch nicht erfassen können; aber es ist ebenso selbstverständlich, daß eine derart lebensnotwendige Problematik ihnen nicht früh und nicht eindringlich genug nahegebracht werden kann.

Wir haben gesehen, wo geerntet wird, und wir haben die mit der Ernte beschäftigten Menschen gesehen. Nun stellen wir unseren ganz *persönlichen Bezug zu den Ernteprodukten* her. Was bedeutet für jeden einzelnen von uns ein Apfel, eine Kartoffel oder irgendeine andere Frucht?

Wir verwandeln den Gruppenraum in eine Küche. Was eine Küche alles sein kann, ist unvorstellbar! Vorab ist sie das natürlichste Kommunikationszentrum, das man sich denken kann. Ebenso ist sie ein chemisches oder ein physikalisches Labor oder die Werkstatt für ein ganzes Regiment von Handwerkern. Unsere

Küchenhandwerker haben beschlossen, den Kartoffeln und Äpfeln gründlich zu Leibe zu rücken.

Wo wachsen *Kartoffeln,* wie wachsen sie und wo werden sie aufbewahrt, bis wir sie kaufen? Wie sehen neue Kartoffeln und wie sehen alte Kartoffeln aus? Und was können wir schließlich mit Kartoffeln anfangen? „Pellkartoffeln mit Salz", „Kartoffelbrei", „Kartoffelsuppe oder Reibekuchen", schreien alle durcheinander. Wir beschließen, eine Kartoffelsuppe mit Gemüseeinlage zu kochen. Dabei hat dann jedes Kind Gelegenheit, zu putzen, zu schneiden und zu rühren. Ganz nebenher „begreifen" die Kinder noch etliche Gemüsearten. Die Kinder sind so ungeduldig, bis sie ihre selbstgebraute Suppe essen dürfen, daß wir sie schließlich kaum gar vom Herd nehmen.

Kinder können sich selbst versorgen und eine einfache Mahlzeit herstellen.

Für den Reibekuchen müssen wir die Kartoffeln in ihre feinsten Bestandteile zerlegen. Ein großer Prozentsatz des festen Gewächses ist flüssig, ist Wasser. Wenn wir das Wasser stehenlassen, setzt sich die Kartoffelstärke ab, die wir mit gekauftem Stärkemehl oder Puddingpulver vergleichen können.

Da zum Reibekuchen Apfelmus besonders gut schmeckt, ergreifen wir die Gelegenheit, *Äpfel* zu zerteilen, zu kochen und zu Mus zu rühren. Während die Kartoffel innen ganz gleichmäßig aussah, sind in der Mitte des Apfels Kerne in kleinen Kammern. Haben alle Obstsorten Kerne? Birnen, Zwetschen und Himbeeren werden zerschnitten, um sie darauf zu prüfen. Damit das zerschnittene Obst eine sinnvolle Verwendung findet, wird daraus ein Obstsalat zubereitet.

Mittags lassen sich die Mütter nicht lange bitten und probieren von den Ergebnissen unserer Kochkünste. Manchmal sind sie auch der Retter in Not, denn nicht jedes Kind mag essen, und ehe es sein Schüsselchen unter dem Geschrei allgemeiner Verständnislosigkeit von sich schieben muß, hat die Mutter es lobend leergegessen.

Wir probieren Lebensmittel und unterscheiden sie nach ihrem Geschmack.

Kann man Birnen und Äpfel am *Geschmack* wiedererkennen? Wir versuchen, ob wir verschiedene Obst- und Gemüsesorten überdies an ihrer *Form* erkennen können. Dazu werden die Augen verbunden, und die Hände ertasten die Formen.

Mathematisches Grundverständnis

Kinder kennen Formen und geben ihnen adäquate Namen.

Wir unterscheiden runde und eckige Formen. Dann finden die Kinder heraus, daß rund nicht gleich rund, eckig nicht einfach nur eckig ist. Es gibt feinere Unterscheidungen, die man beschreiben kann: kugelrund, eirund, oval, viereckig, dreieckig, vieleckig.

Kinder ordnen Mengen nach einem Merkmal, hier nach der Form.

Solange die Augen der Kinder verbunden sind und sie sich allein auf die Bestimmung der Formen konzentrieren können, ist die Aufgabe relativ leicht. Doch sobald irgendein anderes, vielleicht besonders attraktives Merkmal, wie etwa die Farbe eines Gegenstandes, miterfaßt wird, ist die Aufgabe, allein nach der Form zu klassifizieren, nicht mehr so einfach.

Kinder ordnen Mengen nach dem vorgegebenen Merkmal, auch wenn sich die Elemente durch weitere Merkmale unterscheiden.

In die Bestimmung der Grundformen arbeiten wir uns mit Hilfe aller Gegenstände des Gruppenraumes ein. „Ich sehe etwas, was du nicht siehst, und das sieht dreieckig, rund, oval . . . aus!" Bausteine oder Logische Blöcke können allein nach ihrer Form sortiert werden. Auch die von uns mitgebrachten Feld- und Gartenfrüchte kann man versuchen, nach ihrer Form zu unterscheiden. Zur Belohnung für die richtigen Lösungen verteilen wir runde Drops, ovale Zuckereier oder eckige Karamellbonbons.

Bildnerisches Gestalten

Gestalten mit Plastelin (aus der Kugel). Formendruck mit Naturmaterial (Kartoffeldruck, Gemüsedruck).

Die *erkannten Formen* können alle Kinder mit Plastelin, Ton, Keramiplast oder Fimo selbst *nachgestalten*. Es entstehen Früchte — zum Teil so naturgetreu, daß wir die Mütter ein wenig an der Nase herumführen können. Schwierigere Formen, die aber für den einen oder anderen Gegenstand charakteristisch sind, können wir mit Hilfe von Gemüse- und Kartoffeldrucken

17

festhalten. Die Kinder bedrucken Servietten aus saugfähigem Papier oder Nesselstoff. In einigen Gruppen werden die Drucke so schön, daß die Kinder ihre Druckdeckchen als Frühstückssets verwenden.

Kinder sollten ihre Erlebnisse auf jeder möglichen Ebene der Persönlichkeit verarbeiten können. Sie sollen darüber sprechen, sie sollen im kognitiven und emotionalen Bereich Konsequenzen daraus ziehen können, und sie sollen Erlebnisse in Aktivitäten umsetzen. Das Erlebnis des Bauernhofes eignet sich hier besonders zur Gestaltung.

Ein Thema, bei dem man so recht aus dem Vollen schöpfen und jedes unserer Kinder sich ausdrücken kann, ist der Berg: Wir sahen Heuhaufen, Misthaufen, Kartoffelberge und Rübenberge in satten braungrünen Farbtönen und *malen* sie schwungvoll auf große Papierbögen.

Papierfaltung (Längskniff mehrfach).

Kinder erlernen den Umgang mit der Schere (gerader Schnitt).

Dann ensteht die Frage, wie man die Tiere wiedergeben könnte. Man sollte sie noch nicht malen lassen, um zu vermeiden, daß das eine oder andere Kind an seinem Können zweifelt. Wir entschließen uns für das Falten. Mit der einfachen Längsfaltung — wie sie für das Zelt oder Dach gebraucht wird — kann man mit der Wiederholung unerwartet viele Figuren *falten*. Im großen Format entsteht ein Pferd, und die kleinere Ausführung wird ein Hund.

Machen wir bei dieser Längsfaltung in den jeweiligen Kniffen einen geraden Schnitt mit der Schere, dann entsteht ein Baum. Die Kinder dekorieren Apfelbäume, Birnenbäume, Zwetschen- und Kirschbäume.

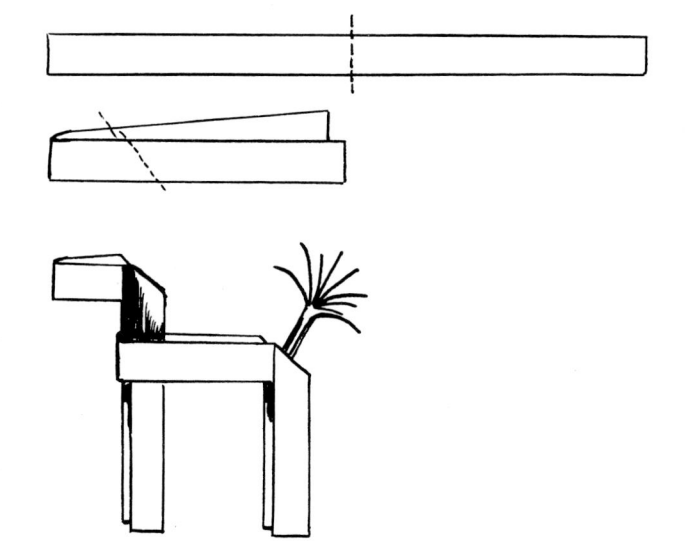

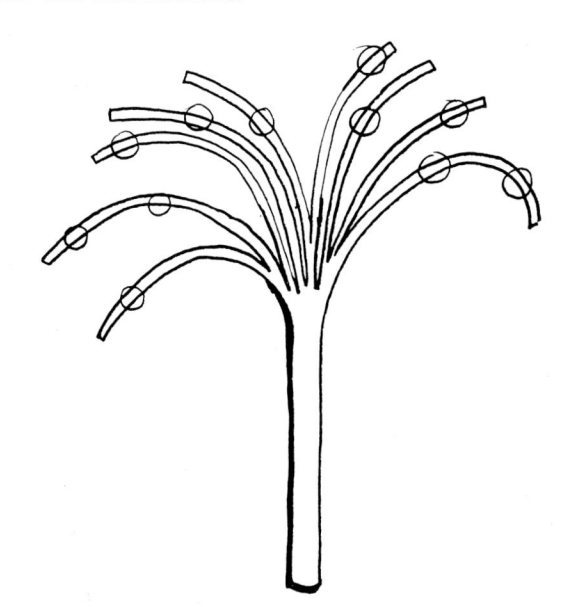

Raumerfassung und Sinnesschulung
Kinder erfassen die lineare Ordnung des vorn — zwischen — hinten, können sie herstellen und beschreiben.

Kinder können die jeweilige lineare Ordnung drehen und umkehren.

Musik und Bewegung
Lineare Ordnungen können rhythmisch erfaßt und wiedergegeben werden.

Bei dem Rollenspiel mit unseren Faltfiguren entwickeln sich Fragen wie: Sollen wir in unserem Obstgarten die Kirschbäume vor die Apfelbäume pflanzen? Und stellen wir die so spät reifenden Zwetschenbäume ganz hinten auf? Die Birnbäume passen auch am besten zwischen die übrigen.

Was sagen uns die Wörter „*vorn*", „*zwischen*" und „*hinten*"? Szenen aus dem Alltag, in denen eine wohldefinierbare Reihenfolge angegeben werden kann, greifen wir auf: Das Schlangestehen beim Einkaufen oder auf dem Spielplatz.

Das Singspiel von dem Bauern, der ins Heu fährt, erfreut sich größter Beliebtheit. Dabei ist die Auswahl des Gesindes, das man hinter sich hergehen läßt, immer recht schwierig. Doch wir greifen gerade diese Singspiele, in denen die Kinder nach eigener Wahl Freunde um sich gruppieren können, gern auf.

Zur Erntezeit gehen wir in nahegelegene Gärten, in eine Gärtnerei, auf ein Feld oder zu einem Bauernhof. Unsere Kinder dürfen alles ausprobieren. Die Größe der Ochsen, die Größe der Getreidesilos, die Größe der Erntemaschinen — alles ist gleichermaßen beeindruckend. Welches Wagenrad ist wohl das größte und wer ist so groß, daß er auf dieses Rad noch hinaufgreifen kann — das ist die brennende Frage. Wir messen und prüfen mit den Augen, den Händen und dem ganzen Körper.

Von unserem Ausflug haben wir Äpfel, Birnen und Kartoffeln mitgebracht. Bei einem Vergleich der frischen Früchte mit älterem Obst oder gelagerten Kartoffeln lassen sich manche Veränderungen beobachten. Auch das „Innenleben" der Früchte ist interessant.

Bei uns wird eine Kartoffel gerieben. Der freie Umgang mit Küchengeräten macht allen Kindern Spaß. Es ist etwas ganz anderes, ob wir in der Puppenküche „kochen spielen" oder ob wir in einer richtigen Küche ein richtiges Mittagessen bereiten. Die keineswegs leichte Kartoffelreiberei könnte immer so fortgesetzt werden, und niemand würde müde.

Das Ergebnis unseres Kartoffelreibens ist von mehreren Seiten aus zu betrachten. Hier stellt man gerade fest, daß das Wasser, das wir erstaunlicherweise in der kaum saftigen Kartoffel gefunden haben, auch noch einen schneeweißen Bodensatz bildet.
Ob es wahr ist, daß man aus diesem Bodensatz einen Pudding kochen könnte?

Aus der Vielzahl unserer Spiele zur Erntezeit zeigen wir hier das formende Spiel mit Ton, Keramiplast oder Plastelin. Wir beginnen mit möglichst großen Blöcken der Formmasse, aus denen die Kinder ihren persönlichen Bedarf herausgraben. Das Kind ist glücklich über seine Kraft und gibt dem ungeformten Lehm urige Formen. Ehe wir ein Ziel, eine Aufgabe angehen, haben die Kinder Freude am Kneten, Schlagen, Bohren, am In-die-Länge-Ziehen und wieder Zusammenballen.

Die hier gestalteten Formen waren die ersten benennbaren Gebilde.
Über Berge von Bällen, Kugeln oder ähnlichem kamen wir zu diesem Obst, das man von echtem kaum unterscheiden kann.

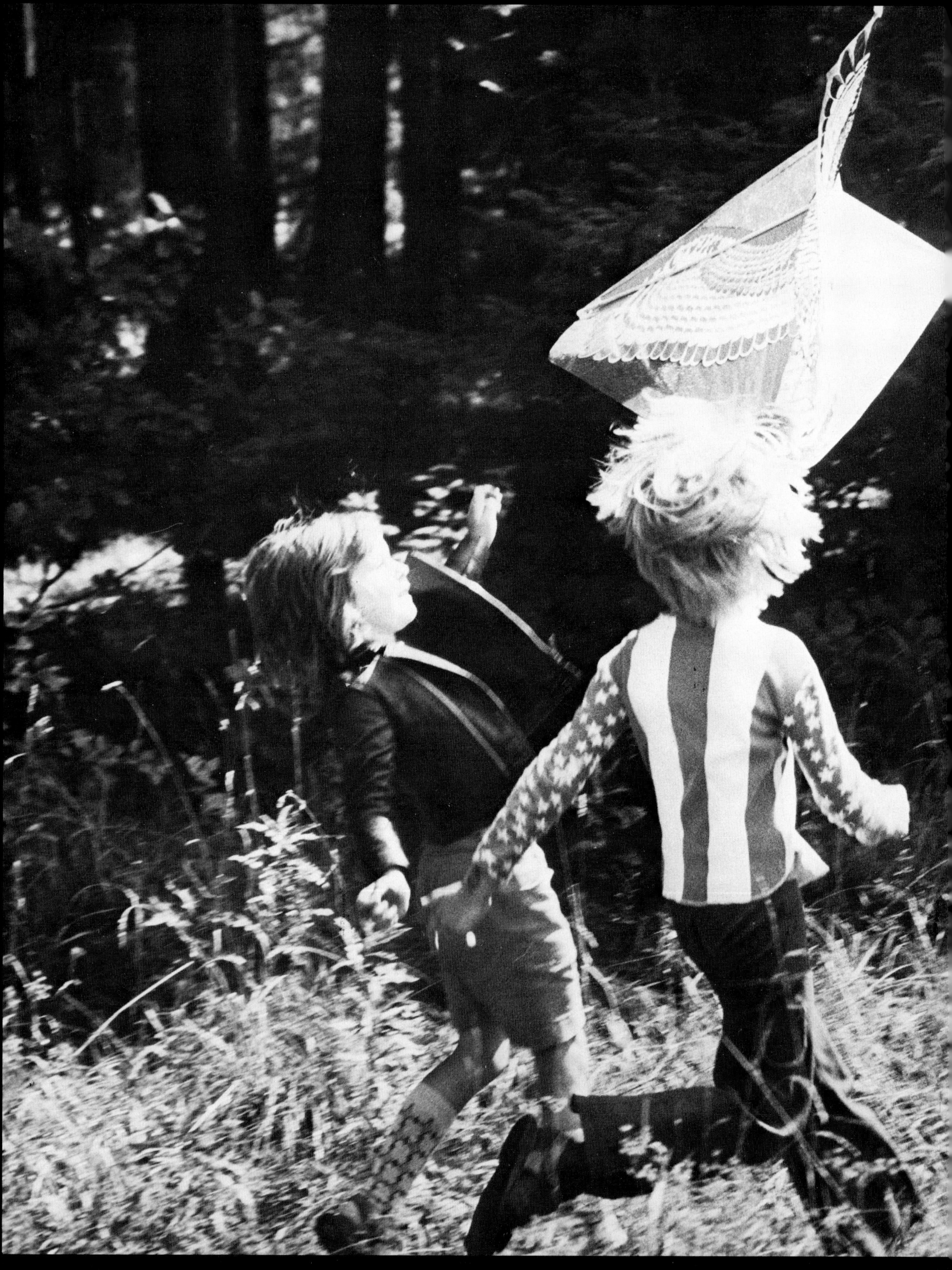

Herbst im Land

Es liegt im wahrsten Sinn des Wortes in der Luft: Adlerdrachen, Vogeldrachen, Papierdrachen und Plastikdrachen. Wer noch keinen Drachen hat, scheint hinter seiner Zeit zurück zu sein, und so beschließen wir, es auch bei uns Drachenzeit werden zu lassen. Wenn endlich jedes Kind seinen Drachen hat, dann steigt mit ihm das schönste aller Herbstfeste: Ein Lagerfeuer am Spätnachmittag mit Aschenkartoffeln, Würstchenbraten und Lampionumzug.

Herbst im Land

Sprachbezug

Kinder verbalisieren Beobachtungen, die sie in ihrer Umgebung machen.

Kinder können ihre eigenen Erlebnisse mitteilen.

Kinder bilden Assoziationen.

Literaturkontakte

Sozialbezug

Kinder erleben ihre Zugehörigkeit zu einer Gemeinschaft über die Teilnahme an deren Bräuchen und Festen.

Kinder werden sensibilisiert für den Sinngehalt unserer Bräuche und Feste.

Natur- und Sachbegegnung

Kinder fragen nach der Ursache von Phänomenen.

Kinder erfahren, daß man die Kräfte der Natur nutzen kann.

Die *Zeichen des Herbstes* sind nicht zu übersehen. Wir beobachten und beschreiben das faszinierende Farbenspiel der Natur. Verschiedenste Gelb-, Rot- und Brauntöne wechseln sich ab. Das Laub der Buchen färbt sich vom hellsten Gelb über Gold zum milden Braun. Der Kirschbaum ist feurig rot, ehe er seine Blätter abwirft. Die Blätter fallen — schwebend im Sonnenschein, wirbelnd bei Wind — und bilden eine dichte, raschelnde Decke auf dem Boden.

Die Sonnenstrahlen werden langsam dünner und flacher; sie wärmen nur noch zur Mittagszeit. Immer häufiger steigen Nebel, und ein Wind kommt auf. Seltener werden die warmen Tage und wechseln ab mit feuchten, grauen und kalten. Alle diese Anzeichen für den Herbst erleben auch die Kinder. Einigen fällt eine Geschichte ein: Altweibersommer! „Da segelte etwas durch die Luft wie ein abgerissener Faden und blieb kitzelnd an meiner Nase hängen." — Pilze! „Am letzten Sonntag waren wir Pilze sammeln. Man muß sie gut kennen, hat meine Mutter gesagt, sonst bringt man einen giftigen nach Haus." Laub! „Ich raschle morgens am Straßenrand entlang."

Wir lesen zum Thema Herbst: „Tante Pauline und die Herbstzeitlose" (T. Volk), „Kommt in den Wald" (H. Heyduck), „Vom Bäumlein, das andere Blätter hat gewollt" (Rückert), „Ali, der Igel" (L. Woeller), „Nußzweiglein" (Bechsteins Märchen), „Alle meine Blätter" (J. Guggenmoos).

Der Herbst hat seine eigenen *Feste und Bräuche*. Wir kennen das Reformationsfest, Allerheiligen, den St. Martinstag. Andere Kinder in anderen Ländern haben ähnliche Herbstfeste. Wer kennt den Halloween? Ein amerikanischer Festbrauch, der an unser Lampionfest erinnert. An der Stelle des Lampions wird ein großer Kürbis verwandt. Die Kinder höhlen ihn aus und schnitzen in seine feste Haut eine Fratze. Aus den Augenhöhlen und dem geöffneten Mund mit fletschenden Zähnen scheint eine brennende Kerze heraus. Die Kürbisköpfe werden in die Fenster gestellt und leuchten in die Dunkelheit. Vielleicht vertreiben sie Böses, Unbekanntes — sagt man. Viele Herbstbräuche sind mit dem Gedanken verbunden an das Dunkle, Bedrohliche, das es fernzuhalten gilt.

Über die Familien hinaus nehmen Gruppen — Dorfgemeinschaften, Kirchensprengel — an Umzügen teil. Wenn wir mit den Kindern diese Feste — auch durch Spiele — vorbereiten, erleben sie, daß sie in diese Gemeinschaft hineingehören. Aus einigen Festen ergibt sich die direkte Frage nach der praktischen Nächstenliebe — etwa durch die Person des heiligen Martin. Wir setzen diese Frage für die Kinder verständlich um: Wer kauft morgen für die Oma ein? Wer sagt heute zur Mutti, daß es gut geschmeckt hat? Wer hilft dem kleineren Freund beim Schuhebinden? Vielleicht gibt es unter uns einen Pfadfinder, der diesen oder einen anderen „gute-Taten-Katalog" kennt.

Die Kinder fragen nach den *Ursachen der herbstlichen Phänomene*. Warum färben sich die Blätter? Warum fallen sie von den Bäumen? Warum weht ein solcher Wind? Die Antworten müssen der Verständnisebene eines 5- bis 6jährigen Kindes entsprechen. Alles, was darüber hinaus geht, ist buchstäblich in den Wind gesprochen. Jahr um Jahr treffen die Kinder erneut auf diese Fragen und fügen die Antwort jeweils in das Puzzlespiel ihres Verständnisses ein. Die so häufig geäußerte Befürchtung, hier oder bei ähnlichen Problemen könnten schulische Inhalte vorweggenommen werden, erweist sich als gegenstandslos.

So ist es kaum möglich, die Entstehung des Windes jetzt zu erklären. Man muß sich mit den *vielfältigen Wirkungen des Windes* „begnügen": Wir tönen wie der Wind, heulen, säuseln und pfeifen. Wir bewegen wie der Wind die Blätter, den Staub, Papierstücke und Tücher. Wir hören und sehen die Kraft des Windes, wenn er die Türen schlägt, Windräder treibt, Segel bläht oder Drachen steigen läßt, und wir versuchen ihn nachzuahmen. Wer spielt den kräftigsten Wind? Wattekugeln, Tüten oder Tischtennisbälle werden zwischen wetteifernden Parteien hin und her gepustet. Immer können wir die Richtung und die Stärke des Windes bestimmen.

Kinder versuchen, aus der Beobachtung eines einzelnen Beispiels eine Gesetzmäßigkeit abzuleiten.

Woher kommen die herbstlichen Farben? Auf einem Baum sind oft Blätter mit verschiedener Färbung, etliche haben noch grüne Adern. Wenn die Kinder diese Blätter knicken, perlt ein wenig Saft heraus. Die vollkommen gelb, rot oder braun gefärbten Blätter haben in den Adern keinen Tropfen Saft mehr. Ihre Verbindung zum Baum ist unterbrochen, und sie fallen ab. Die Kinder überlegen, welche Konsequenzen es hätte, wenn der Baum seine Blätter saftig und grün behalten würde. Selbstverständlich finden sie heraus, daß bei beginnendem Frost der Saft in den Blättern frieren würde oder der fallende Schnee für die Bäume eine viel zu schwere Last werden würde.

Mathematische Grunderfahrung

Kinder ordnen Mengen nach dem Merkmal der Farbe.

Kinder ordnen Mengen nach dem Merkmal der Größe.

Kinder ordnen Mengen nach Merkmalen (Größe und Farbe).

Nicht alle Blätter bekommen die gleiche Farbe. Nicht alle Blätter haben die gleiche Form. Und dann gibt es noch die verschiedensten Früchte. *Die Kinder ordnen Blätter, Früchte und Bäume.* Dabei lassen wir uns unterschiedlichste Ordnungsprinzipien einfallen. Einmal ist nur die Farbe maßgebend: Hier liegen alle roten Blätter, daneben alle braunen, alle grünen und alle gelben. Dann wieder ist nur die Größe ausschlaggebend: Da haben wir große Blätter und kleine Blätter, große Früchte und kleine Früchte. Ob nun dieses Herbstmaterial oder Gegenstände aus dem Spielzimmer wie Muggelsteine, Luftballons, Bausteine — die Kinder ordnen mit Freude nach Farbe und Größe oder einer Kombination von beidem. „Gib mir die großen dunkelbraunen Kugeln (Kastanien), ich gebe dir die kleinen hellbraunen Kugeln (Haselnüsse)!" Abschließend kleben wir ein Herbarium zusammen, in dem die Kinder die Zusammengehörigkeit von Bäumen, Blättern und Früchten sehen.

Raumerfassung und Sinnesschulung

Kinder lernen Grundfarben kennen und richtig bezeichnen (Prüfung der Farbtüchtigkeit).

Farben werden nach ihrer Hell-Dunkel-Qualität erkannt.

Kennen alle unsere Kinder die Farben? Die Gelb-Rot-Braun-Töne der Herbstfärbung sind tatsächlich nicht ganz einfach auseinander zu halten und zu bestimmen. Bei lustigen Spielen läßt sich eine kleine Kontrolle der Farbtüchtigkeit ganz allgemein durchführen. Wir spielen: „Ich sehe etwas, was du nicht siehst, und das sieht rot aus!", „Bunte Geschichten", „Die Farbenlotterie", „Das Farbenraten" und Würfelspiele mit einem Farbenwürfel. (Alle Spiele und deren Beschreibungen sind zu finden in der Kinderspielekartei, W. Künne, oder in den „Didaktischen Spielen", M. Arndt.)

Immer wieder verbinden sich in unserer Vorstellung bestimmte Farben mit bestimmten Gegenständen, so daß wir beim Erkennen von Dingen mit gleicher Form über die Feststellung der Farbe entscheiden, um was es sich handelt. Vor uns liegen Kirschen und Weintrauben, Eicheln und Hagebutten, Brombeeren und Himbeeren, Heidelbeeren und Preiselbeeren. Für jede richtige Antwort darf man zur Belohnung die bestimmte Frucht aufessen.

Kinder erkennen das gegensätzliche Ordnungspaar „groß" und „klein" und wenden die Begriffe an.

Sie erfahren, daß diese Angaben relativ sind.

Ein weiteres Unterscheidungsmerkmal ist die *Größe*. Ist etwas „groß" oder „klein"? Wir bestimmen alles Greifbare in unserer Umgebung: unsere Schultaschen, die Schuhe, die Tische, die Bausteine und unsere Freunde.

Groß und *klein* sind Begriffe, die sich nach dem Standpunkt des Beurteilers ändern können. Großes ist keineswegs in jedem Falle groß und kleines durchaus nicht stets klein. Ein gutes Beispiel: Die Kinder dramatisieren das Märchen von Gulliver. Da wird zum Riesen, wer eben noch ein Zwerg war, und zum Zwerg, wer gerade noch als Riese zu sehen war. In einer der Spielwiederholungen darf ich den Gulliver spielen. Unermüdlich heften die Kinder meine Haare mit Nadeln am Boden fest und amüsieren sich, daß ich nun nicht mehr aufstehen kann. Als sie mich schließlich wieder befreien, muß ich jeden Zwerg aufheben

Kinder erfahren, daß relative Maßangaben vergleichbar gemacht werden können.

Weiterführung in: „Frühling und Ostern", „Große Tiere, kleine Tiere".

Musik und Bewegung

Kinder finden Beziehungen zwischen Farben und Tönen, Größen und Tönen.

Kinder ahmen mit Bewegung und Tönen Phänomene in ihrer Umgebung nach.

Weiterführung in: „Narrenzeit".

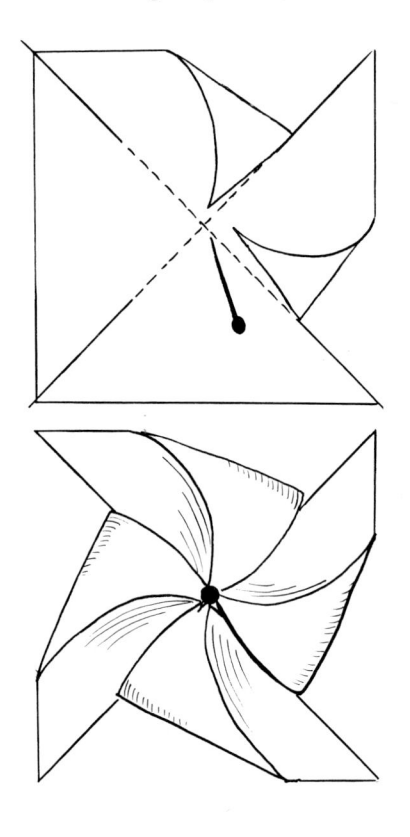

Bildnerisches Gestalten

Kinder erarbeiten sich die Mischfarben.

Gerade und diagonale Linien werden mit verschiedenen Techniken hergestellt (Papierfaltung und Schere).

Spielerischer Umgang mit Naturmaterial.

und herumtragen. Ein wenig anstrengend, und ich werde getröstet: „Wenn du nachher bei den Riesen bist, wirst du auch getragen und kannst dich erholen!"

Immer wieder versuchen wir, objektive Maßstäbe zu finden und Aussagen zu machen darüber, was nun wirklich absolut klein oder groß ist. An einem solchen Maßstab könnten wir die Größe messen. Unter Messen versteht man nämlich den zahlenmäßigen Vergleich einer zu bestimmenden Größe mit einer vorher festgelegten Einheit.

Erfahrungen aus den verschiedensten Bereichen können auch in *Töne* umgesetzt werden. Es ist durchaus möglich, eine Beziehung zwischen *Größe* oder *Kleinheit* und *Tönen* zu finden oder ebenso zwischen verschiedenen *Farben* und *Tönen*. Was ist für die Kinder ein großer Ton und was ein kleiner? Ein kleiner Ton etwa rückt ganz nahe an einen leisen Ton und ist doch kein leiser. Ein kleiner Ton wird auch in Beziehung zu einem hohen Ton gesetzt und ist doch nicht nur ein hoher Ton. Fast alle Kinder stimmten überein, daß ein kleiner Ton von einem kleinen Gegenstand produziert wird. Eine Grille, eine Maus, eine Weidenflöte bringen kleine Töne hervor. Und wenn die Kinder einen kleinen Ton spielten, machten sie sich zuvor so klein wie möglich.

Bei der Zusammenstellung von Farben und Tönen haben wir uns zunächst auf helle und dunkle Farben beschränkt und keine präziseren Abstufungen vorgenommen. Dabei ergibt sich ein Vergleich von hellen Farben mit hellen hohen Tönen und von dunklen Farben mit dunklen tiefen Tönen.

Besondere Anregungen bietet der Wind. Wir heulen, summen und säuseln wie er, lassen die Klangstäbe mitsingen und malen anschließend den Ton. Der Wind bringt viel Bewegung in die herbstliche Natur. Die Blätter fallen, die Bäume schwanken, Drachen und Schiffe schaukeln, und die Mühlen drehen sich. Unsere Kinder greifen diese Bewegungen in der Turnstunde auf oder zeichnen sie schwingend auf einen großen Bogen Papier. Dazu kennen wir einige Lieder:
„Wind, Wind sause..." (Wir kleinen Sänger, S. 80)
„Die Mühle, die braucht Wind..." (Wir kleinen Sänger, S. 21)
„Falle, falle gelbes Blatt..." (Ludi musici, S. 105)
„Fegt der Wind die Bäume leer..." (Ludi musici, S. 72)
„Ein Männlein steht im Walde..." (Wir kleinen Sänger, S. 78)

Malen bleibt befreiender Ausdruck der ganzen Persönlichkeit, solange man nicht einengende Themen anbietet. Wenn eines der Kinder sagen muß: „Das kann ich aber nicht malen, ich weiß nicht, wie das geht!", dann ist das Thema frustrierend — zumindest für dieses Kind und vielleicht auch für jene, die sich nicht mehr getrauen zu fragen. Wir malen die vielen bunten Farben des Herbstes, die wir nun inzwischen kennen. Wir malen sie an den Bergen von Blättern oder den steigenden Drachen.

Was entsteht, wenn wir zwei unserer *Lieblingsfarben* mischen? Wir probieren das aus mit dem Transparentpapier, das wir für unsere Martinslaterne gebrauchen.

Für diese Laterne und ebenso für einen Drachen müssen die Kinder gerade und diagonale Linien in Papier und mit der Schere erarbeiten. Es wird gut sein, wenn wir die Diagonale an der einfachen Tüte und einem kleinen Windrad üben.

Schließlich müssen die auf unseren Herbstspaziergängen gesammelten Schätze Verwendung finden: Große und kleine Blättermänner werden geklebt. Die Blätter, bei denen nur noch das „Gerippe" zu sehen ist, eignen sich für einen Druck. Wir heften das Blatt auf ein Tonpapier und überstreichen es mit einer deckenden Farbe. Der Blattumriß wird farbig sichtbar. Wenn wir nun das eingefärbte Blatt auch noch abdruckend auflegen, erscheint seine Form ein zweites Mal.

27

Die gesammelten Herbstblätter haben zu vielen Beschäftigungen angeregt. Hier einige phantastische Gebilde, die Kinder aus Blättern geklebt haben.

Unsere Herbstfeste sind große Ereignisse. Und fast immer werden zum krönenden Abschluß Lichter angezündet oder ein richtiges Herbst- und Kartoffelfeuer wird entfacht.

„Messer, Gabel, Scher und Licht taugen für kleine Kinder nicht!" Erstaunlich viele Kinder sind nach diesem Leitsatz erzogen worden und halten sich daran. Tatendurstige, die das Messer oder die Streichhölzer dann doch ausprobieren, haben nicht immer Glück damit. Mit Gefahren muß man umgehen können, und daher nehmen wir uns vor, alles über das Brennen und das Feuer zu beobachten und auszuprobieren.

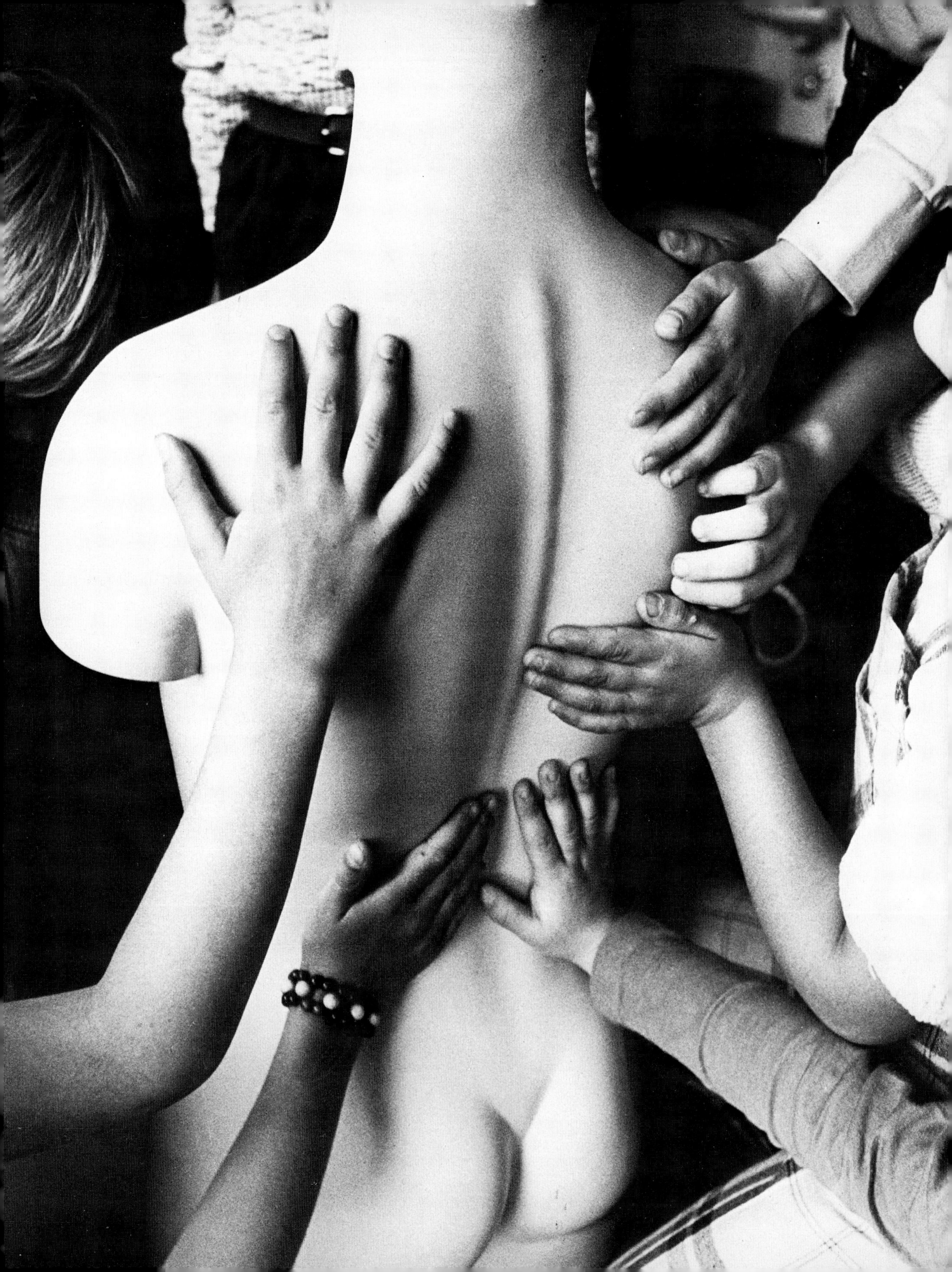

Mein Körper und ich

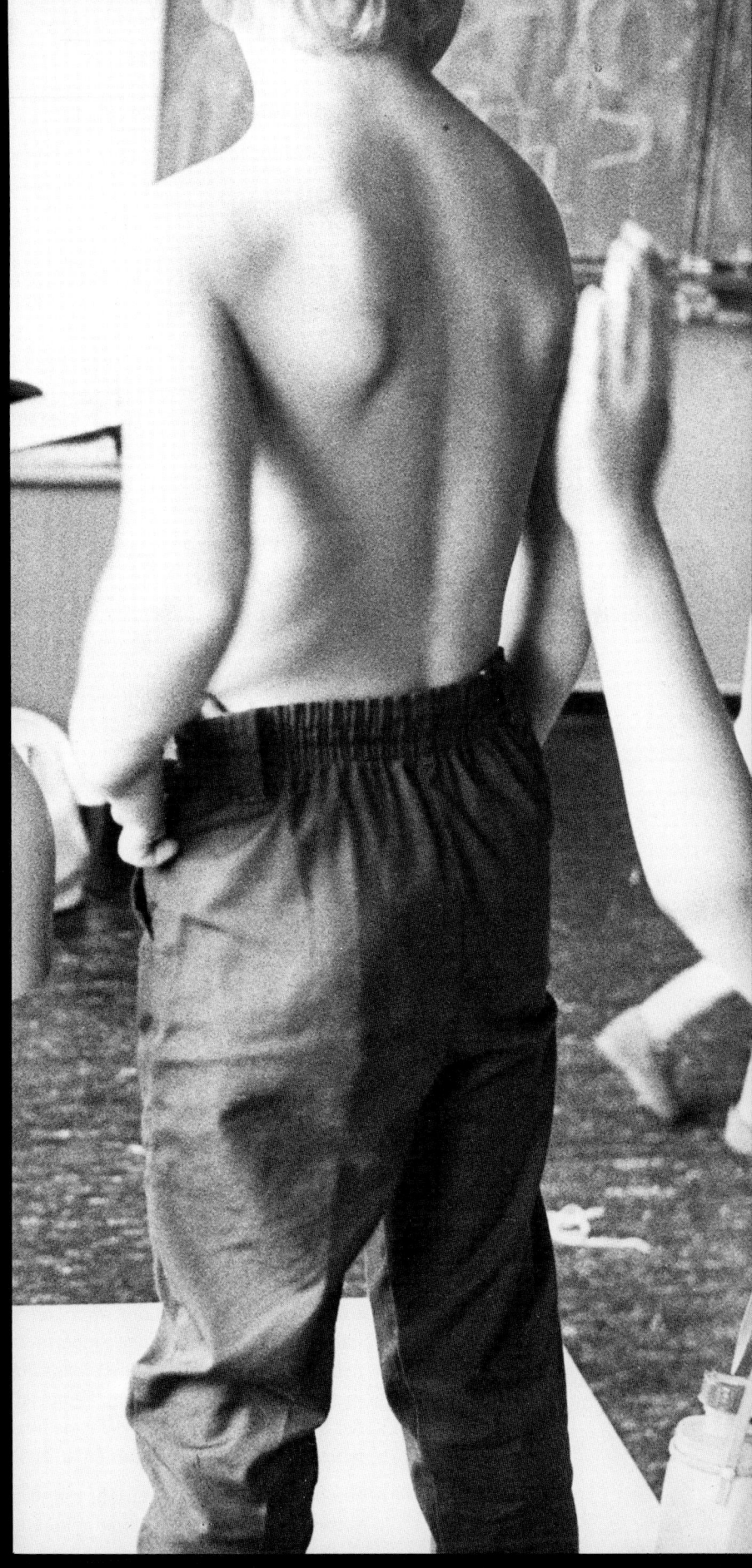

Man könnte den Kalender danach einrichten, so pünktlich stellt sich die Novembergrippe ein. Manchmal bringt sie noch Mumps oder Windpocken mit. Und bald ist unsere Gruppe bis auf „sieben Aufrechte" zusammengeschmolzen. Wir ergreifen schnell alle Vorsichtsmaßnahmen, um nicht auch noch mit Kopfschmerzen und Schüttelfrost ins Bett zu müssen. Sicher werden sich auch die Mütter freuen, wenn ihre Kinder den warmen Pullover nun nicht mehr mit Protestgeschrei anziehen, statt der Schokolade lieber einen frischen Apfel zum Frühstück mitnehmen und wenigstens in dieser Krisenzeit nicht alle Tage das Zähneputzen vergessen.

Mein Körper und ich

Unsere Thematik hat drei verschiedene Aspekte, die man klar sehen sollte. Da ist die *Pflege unseres Körpers* im allgemeinen, dann die *Vorsorge* für mögliche Krisenzeiten. Und schließlich wird das Interesse direkt auf unseren Körper, seine *Beschaffenheit* und seine *Eigenart* gelenkt. Aus allem folgt die Überlegung: Was ist, wenn wir krank werden?

Wir beginnen mit dem positiven Aspekt und betrachten unsere Kleidung, unsere Ernährung und die Pflege unseres Körpers. Es bietet sich an, einen Tageslauf durchzuspielen. Dabei wird jeder Handgriff aus der Routine herausgelöst und von neuem in seiner Bedeutung bewußt gemacht.

Sprachbezug

Begriffe werden im Gespräch und in der Dramatisierung gefunden.

Bewußte Satzkonstruktionen Subjekt-Prädikat-Objekt.

Kinder formulieren logische Verbindungen in der Form „wenn — dann".

Wie ist unser Körper beschaffen, daß er Bewegung braucht und Bewegungen ausführen kann? Wie sind unsere Zähne gebildet, daß man mit ihnen kauen kann und daß man sie nur in bestimmter Weise sinnvoll putzt? Wir schauen uns so gut es geht selbst an, ziehen Bücher zu Rate und bitten den Schularzt, uns zu besuchen. Viele offene Fragen wird er klären: Weshalb bekommen wir einen Schnupfen und Halsweh, wenn die Füße naß oder kalt wurden? Weshalb beginnen eigentlich die Zähne zu wackeln, wenn wir nicht gut und richtig essen?

Der *Besuch des Arztes* in unseren Gruppen hat aber vor allem den folgenden Hintergrund: Die Kinder sollen die Möglichkeit bekommen, mit realen oder unterbewußten Ängsten, die um das Kranksein, den Arzt oder gar den Krankenhausbesuch kreisen, besser fertig zu werden.

Literaturkontakte

Aus dem Angebot möglicher Bücher schlagen wir vor:
Aus bekannten Märchenbüchern: „Des Kaisers neue Kleider", „Der süße Brei", „Das Schlaraffenland" u. a.; „Meister Eder und sein Pumuckl" (Ellis Kaut); „Ich bin jetzt im Krankenhaus" (A. Becker); „Karius und Baktus" (Egner); „Wie, was, warum? Der menschliche Körper" (M. Keen); „Dein Körper" (S. Marrison).

Sozialbezug

Unterbewußte und reale Ängste in Bezug auf Krankheit, Arzt, Krankenhaus sollen abgebaut werden.

Kinder werden sensibilisiert für den Symbolcharakter von Bekleidungen.

Überlegungen zur *situationsgerechten Kleidung* sind ein anderer neutraler Einstieg. Zwar bewegen wir uns hier auf einem Nebengleis. Aber Kleidung dient schließlich auch als Auslöser für den bedingten Reflex — Angst zu haben. Dieser Auslöser ist so stark, daß etwa der weiße Kittel eines Friseurs ebensolche Ängste auslösen kann, wie der weiße Kittel des Arztes.

Es gibt spezielle Kleidung für spezielle Anlässe: für kalte oder warme Zeiten, für Sonntag oder jeden Tag und schließlich für verschiedene Berufe. Was ich auch immer anziehe, ich bleibe doch derselbe Mensch, und keineswegs müssen sich zwei Menschen gleichen, nur weil sie die gleiche Kleidung tragen. Der Symbolwert und Statuscharakter der Kleidung wird auf diese Weise stark abgewertet.

Kinder erleben im Spiel die Rollen des Kranken, der Krankenschwester und des Arztes.

Weiterführung in: „Menschen in unserer Straße".

Hochaktuell ist in diesen Tagen das ohnehin beliebte *Doktorspiel*. Spannungen und Ängste werden umgeformt und abgebaut. Verhaltensweisen können erprobt werden. Wie wäre es einmal mit dem leidigen Stilliegen oder mit dem Mundaufmachen, dem Halswickeltragen oder dem Gurgeln? Die Kinder wechseln sich in den Rollen ab. Jeder darf einmal Patient und einmal Arzt oder Krankenschwester sein.

Natur- und Sachbegegnung

Kinder erwerben eine unbefangene Einstellung zu unumgänglichen Krankheitserlebnissen.

Im Zusammenhang mit den *unabänderlichen Krankheitserlebnissen* wird beinahe von allen Kindern das Fiebermessen als eine Sensation beschrieben. Wir nehmen ein Fieberthermometer zur Hand, probieren, wie es funktioniert, und messen selbst Temperaturen. Dabei ist gleichgültig, ob wir das Fensterbrett in der Sonne messen oder die Wärme unserer Hand, wenn wir sie zu einer Faust schließen. In jedem Fall kann man zuschauen, wie die Quecksilbersäule steigt.

Ein besonderes und dabei sehr nützliches Vergnügen ist, imaginäre Wunden zu verbinden. Man kann wohl annehmen, daß die praktischen Pflasterstreifen in

Kinder werden befähigt, sich bei kleineren Verletzungen selbst zu helfen.	geschnittener Form in jedem Haushalt heute zu finden sind, so daß in einem Notfall ein Kind sich durchaus selbst helfen kann, wenn es weiß, wie man ein solches Pflaster öffnet und wie man es anbringt. Sicher finden wir im Laufe des Kindergartenjahres noch eine Gelegenheit, allen Ernstes ein Pflaster auflegen zu müssen.
Kinder verstehen und akzeptieren die Grenzen ihrer eigenen Kompetenz und können Vertrauen zu Angaben und Eingriffen des Arztes, des Apothekers, der Mutter usw. entwickeln.	Wenn es um das Einnehmen einer Medizin geht, ist wohl zu unterscheiden, ob ein Kind eine Medizin gar nicht mag oder ob es von einer Medizin naschen möchte. Wir wollen versuchen, eine vernünftige Einstellung zu entwickeln.
	Dabei stolpern wir auch über die alte Weisheit, daß allzuviel ungesund ist. Wir dramatisieren das Märchen vom süßen Brei oder vom Schlaraffenland, um eine ganz unmittelbare Empfindung für das Zuviel und den Überdruß wachzurufen. Alle Kinder seufzen herzzerreißend und mit großer Ausdauer, wenn es darum geht, furchtbares Bauchweh zum Ausdruck zu bringen.
Was gehört zu einer vernünftigen Ernährung.	Wie sieht eine *Ernährung* aus, von der wir keine Magenbeschwerden bekommen und die uns im kommenden Winter gesund hält? Wir stellen uns ein appetitliches zweites Frühstück zsammen mit Butterknäcke, Mohrrübensalat und Zitronensaft.
Wir nehmen Einblick in den Sinn der Hygienevorschriften für jeden einzelnen von uns und für die Gemeinschaft.	Die Mohrrüben müssen geputzt werden, wir selbst müssen uns putzen, und die kleine Katze von der Monika putzt sich mit besonderer Umsicht. Zwar macht es uns allen ein unbeschreibliches Vergnügen, im Matsch und Schlamm zu suhlen, aber schon bald darauf möchten wir wieder sauber sein. *Sauberkeit* ist nicht etwas, was große Leute ärgerlicherweise verlangen, um kleine Leute zu strapazieren. Sauberkeit hat einen tiefen Sinn. Sogar Monikas Katze richtet sich danach. Nun hat es an dieser Stelle kaum sehr viel Sinn, unseren Kindern die Fragen der Hygiene verbal nahezubringen. Eine stinkende Müllgrube oder ein Blick in die Mülltonne sind viel wirkungsvoller. An dieser Stelle sollte man wieder einmal festhalten, daß Schmutz nicht das Problem eines einzelnen ist, sondern uns alle angeht. Wir säubern unseren Spielplatz von allen Bonbonpapieren, Trinkstrohhalmen und Plastiktüten.
Raumerfassung und Sinnesschulung	
Kinder erwerben erste Fertigkeiten in der Versorgung ihres eigenen Körpers.	*Sich sauberzuhalten und sich zu kleiden* sind Fertigkeiten, die man trainieren kann. Von unseren Kindern wird beim Eintritt in die Schule erwartet, daß sie sich zur Turnstunde in kurzer Zeit und bei großem Gedränge umziehen können. Jacken, Pullover oder Mäntel können im Wettspiel bei einem Kostümfest an- und wieder ausgezogen werden. Dazu gehört, Knöpfe, Reißverschlüsse und Bänder zu öffnen und wieder zu schließen. Aktionen, die in irgendeinem Zusammenhang ohnehin täglich wiederkehren, aber hier im Spiel konzentriert verpackt sind. Viel Spaß macht es, eingehüllt in dicke Kleider, mit Handschuhen (und Mütze auf dem Kopf) eine Schokolade mit dem Messer zu zerschneiden. Dieses Spiel verlangt Konzentration und Geschicklichkeit und darf eigentlich bei keiner Geburtstagsgesellschaft fehlen. Uns fallen verschiedene Spiele ähnlicher Art ein, in denen gerade unsere ganz alltäglichen Handgriffe vergnüglich verpackt sind.
Kinder erkennen die Gegensätzlichkeit der Begriffe „viel" und „wenig" und wenden die Begriffe richtig an.	Immer geht es in irgendeiner Weise darum, ob wir viel oder wenig angezogen oder gegessen haben usw. *Was ist „viel", und was ist „wenig"?* Was für den einen viel ist, braucht für den nächsten noch keineswegs viel zu sein. Viel und wenig sind relative Größen und von der Einstellung des Betrachters abhängig. Der Standpunkt des Betrachters nun ist von verschiedenen Überlegungen geprägt. Wir sehen dies ganz deutlich, wenn wir etwa die Spielgegenstände in unserem Zimmer betrachten: Haben wir eigentlich viele Puppen? „Wenn ich zu meinen Puppen noch die Schießbudenpuppe dazu rechne, habe ich genauso viele Puppen." Und ein anderes Kind findet: „Nein, wir haben viel zu wenig Puppen, nicht einmal alle Mädchen können damit spielen!"
Kinder erfahren, daß die Begriffe „viel" und „wenig" relativ und abhängig vom Beurteiler sind.	

Mathematisches Grundverständnis

Kinder lernen, Mengen unter den Gesichtspunkten „viel" und „wenig" zu bilden — Beginn einer simultanen Mengenerfassung.

Kinder können Mengen nach inhaltlicher Bestimmung = Sachzugehörigkeit angeben.

Kinder können Mengen nach der inhaltlich verneinenden Frage angeben = Komplementärmenge.

Etwas ratlos hören die jüngeren Kinder zu. Für sie kann weniges schon viel bedeuten. Erst ältere Kinder erfassen Mengen mit mehr als fünf Elementen und bestimmen sie. Ältere Kinder schwelgen in dem Gefühl des noch immer-immer-mehr. Der richtige Gebrauch der Begriffe „viel" und „wenig" ist eine wichtige Voraussetzung für die Entwicklung eines mathematischen Bewußtseins. Wir bestimmen weiter die Spielgegenstände in unserem Gruppenraum und stellen schließlich schon sehr differenziert fest, daß wir viele rote Vierersteine im Legokasten, aber wenige weiße Dachsteine besitzen.

Was brauchen wir zum Waschen? Ein reichhaltiger Katalog bekannter und interessanter Toilettenartikel entsteht.

Welche Kleidung ziehen wir bei Regen, bei Kälte oder bei Sonnenschein an? Ein altes und doch immer wieder neues Spiel: Ankleidepuppen herstellen. Sicher gibt es solche auch im Handel, aber es ist viel interessanter, aus Zeitschriften und Illustrierten Figuren auszuschneiden, die man schön und attraktiv findet, um sie dann nach eigenem Geschmack zu bekleiden.

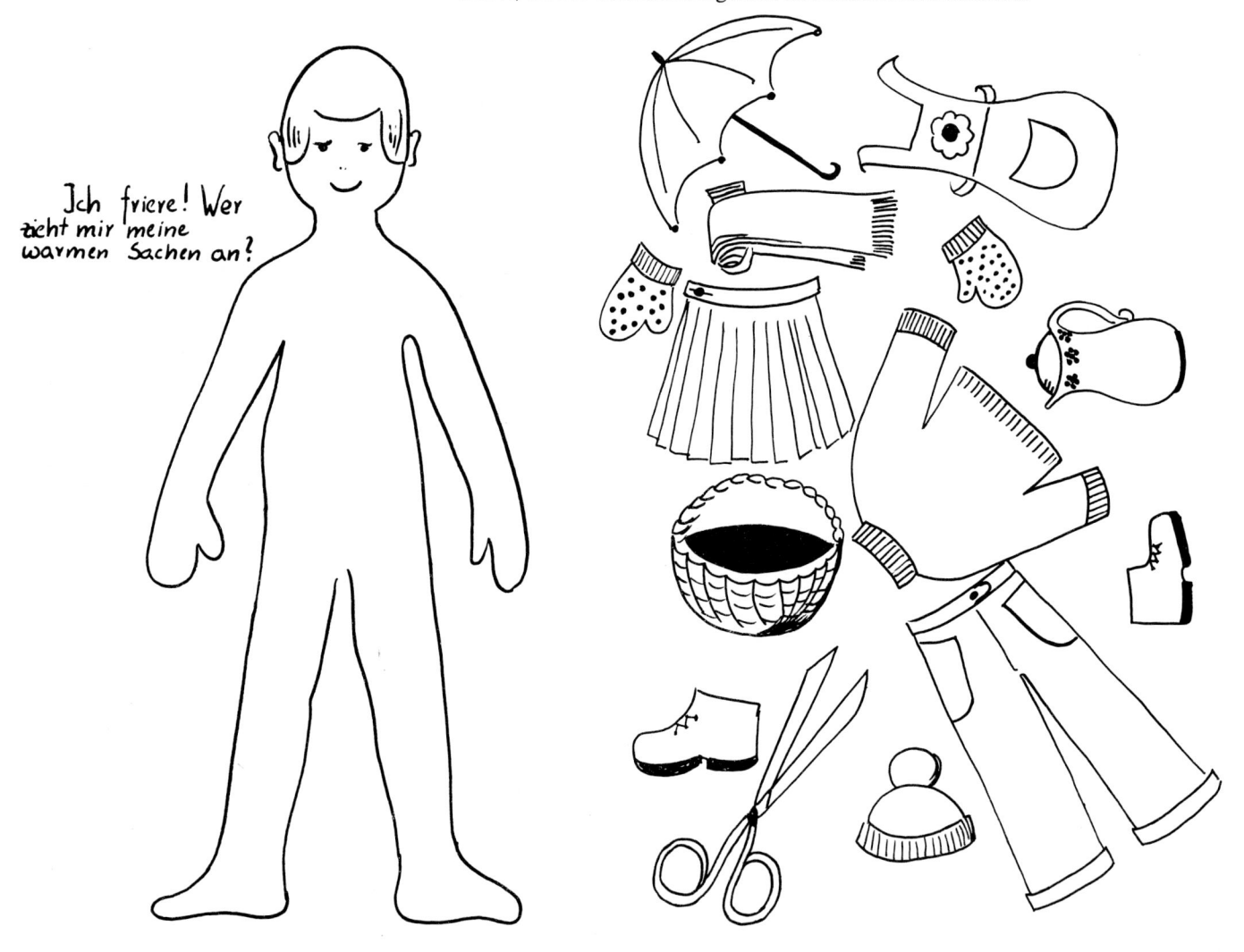

Musik und Bewegung

Wir beherrschen den Einsatz unserer Atmungsorgane.

Eigentlich wollen wir uns gesund singen, und das kann man tatsächlich. Immer wenn es nötig wird zu lüften oder wenn wir Gelegenheit haben, im Freien zu sein, machen wir *Atemspiele*. Wir summen mit geschlossenen Lippen die Melodien auf verschiedene Vokale, einmal lauter, einmal leiser oder an- und abschwellend. Wir atmen tief ein und probieren, wer die meiste Luft geschöpft hat. Wer kann mit seiner Luft am längsten einen feinen Ton summen? — Wer kann mit seiner

Luft einen Luftballon aufblasen? Herrlich ist eine Papierrollentrompete, bei der die Kinder viel Luft brauchen, um einen lauten und gleichzeitig tiefen Ton hervorzubringen. Sicher sind nicht alle Nachbarn sehr erfreut über solche Geräusche. Doch jedes „Blasinstrument" ist wichtig für Kinder, weil die Atmungsorgane gekräftigt werden.

Kinder kennen und beherrschen Bewegungen, die für die täglichen Verrichtungen notwendig sind.	Und nun zu unserer *Bewegungsfähigkeit*. Der Kasperl hat Schwierigkeiten, sich zu bücken, seine Schuhe zuzubinden, sich die Nase zu putzen und sich auf dem Kopf zu kratzen. Wie gelingen uns solche Bewegungsabläufe? Da die Kinder für Haltungs- und Gymnastikübungen nicht den geringsten Sinn haben, verpacken wir diese in ein Spiel: Wir schlafen. Jeder liegt in einer anderen Schlafhaltung, auf dem Rücken, dem Bauch oder der Seite. Dann stehen wir auf. Alle Kinder
Unsere Bewegungen sind rund, fließend und schwingend.	räkeln sich und strecken sich. Dann folgen die Bewegungen, die wir bei der morgendlichen Toilette und beim Anziehen machen. Wir spielen sie uns gegenseitig vor. So kann stets die eine Hälfte der Kinder ruhen und sich entspannen, während sie die Bewegungen der anderen zu interpretieren versucht.

„Woher weißt du, daß Michael sich die Schuhe anziehen will?" „Er hat sich gerade gebückt!" — Wer will fühlen, wie sich Michaels Rückgrat beim Bücken krümmt und danach wieder streckt? Das Zusammenspiel der Wirbel und Gelenke können wir an uns selbst oder den Freunden ertasten. Vielleicht treiben wir eine Gliederpuppe auf und sehen an ihr auf vereinfachte Art den Mechanismus einer Gelenkbewegung. Das Zueinander und Miteinander der verschiedenen Knochen, die eine Bewegung vollziehen können, prüfen wir an einem Knochenpräparat. Dieses Präparat kann man sich ausleihen, man kann es aber auch selbst herstellen.

Bildnerisches Gestalten	
Kinder kennen die Form und Gestalt ihres eigenen Körpers und seiner einzelnen Teile.	*Die Formen unserer eigenen Gliedmaßen* wollen wir kennenlernen. Es ist immer wieder faszinierend, die eigenen Füße oder Hände abzumalen, zu umfahren oder abzudrucken. „So sehen meine Hände und Füße aus!" Wir hängen alle diese Hände und Füße aus Papier, Pappe, Gips oder Wachs an der Wand auf. Das sieht hübsch aus, und etwas später bei unseren Meßversuchen können wir die Hände und Füße miteinander in bezug auf ihre Länge oder Breite vergleichen.
Wir probieren die Technik des Schattenscherenschnittes.	In der Art der alten Scherenschnitte versuchen wir die Form des Gesichts zu erfassen. Zwei Freunde haben sich zusammengetan. Der eine steht Modell vor einer starken Lampe, und der andere zeichnet den *Schattenriß* nach. Als Schattenrißpapier heften wir ein einseitig schwarzgefärbtes Papier so an die Zeichenwand, daß die weiße Seite bemalt werden kann. Wenn wir den Schattenriß eher vergrößern als verkleinern, können die Kinder ihn nachher ausschneiden.
Man kann verschiedene Techniken kombinieren: Reißtechnik und Malstift.	Weniger raffiniert, aber dennoch sehr eindrucksvoll ist der Versuch, unsere aufgesperrten Münder mit allen Zähnen darzustellen. Wir reißen rotes Papier und kleben damit die Lippen eines offenen Mundes auf schwarzen Tonpapiergrund. Dazwischen malen wir unsere Zähne im Girlandenschwung mit Wachsmalstiften.
Kinder erfahren, daß Stoffe sich durch unterschiedliche Strukturen unterscheiden.	Auf eine ganz andere Möglichkeit bildnerischer Gestaltung bringt uns die *Betrachtung von Stoffen und ihren Oberflächen*. Wie unterscheiden wir die verschiedensten Stoffe? Die Schlinge des Frotté, die Börstchen vom Samt, das Gitter von Leinen und die Linien der Strickerei. Wir können diese Oberflächenbeschaffenheiten sehen, ertasten und in Drucken wiedergeben. Die Kinder tupfen, ein wenig Stoff um den Finger gewickelt, einmal in die Farbkästen und dann auf ihr Papier.
Kinder sollten mit der Schere umgehen können. Es ist bereits möglich, Stoff zu schneiden.	Aus den Stoffresten schneiden wir Blusen, Röcke oder Hosen, um ein Kleidermännchen zusammenzukleben. Vielleicht wird es zur Abwechslung mal ein recht sommerliches Männchen.

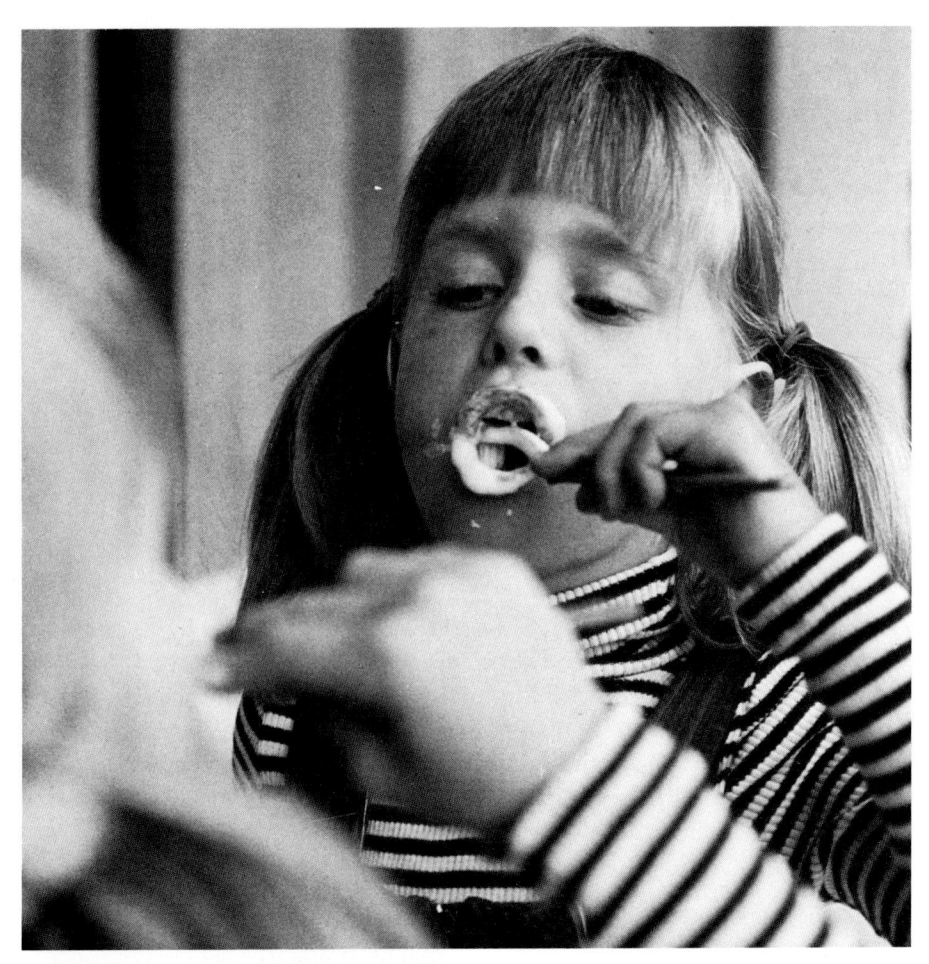

Es gibt kaum ein Kind, dem die tägliche Prozedur des Waschens und Anziehens nicht recht langweilig vorkommt. Wenn es nur irgend geht, drückt man sich darum oder läßt sich wenigstens von der Mutter helfen. Im Gruppenspiel macht es plötzlich großen Spaß.

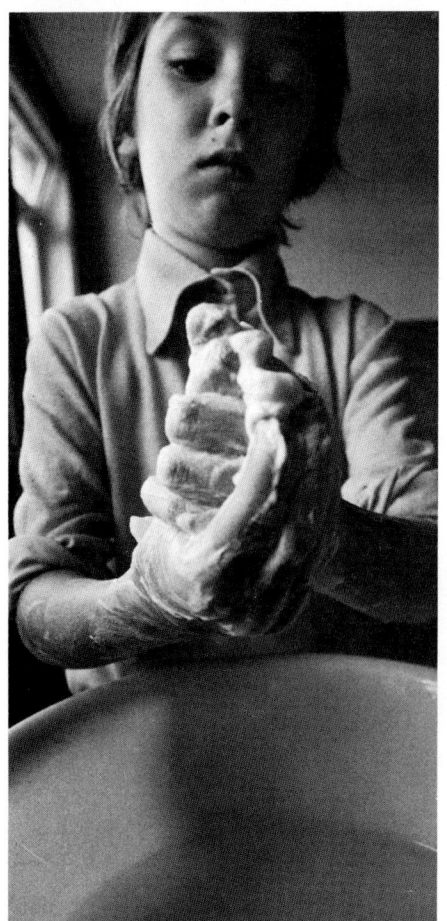

Wie sehen wir „innen" aus? In den Hals kann man hineinschauen. Der Partner muß laut „Ahhh" schreien.

Und die Wirbelknochen fühlen wir besonders schön beim „Katzenbuckelspiel".

37

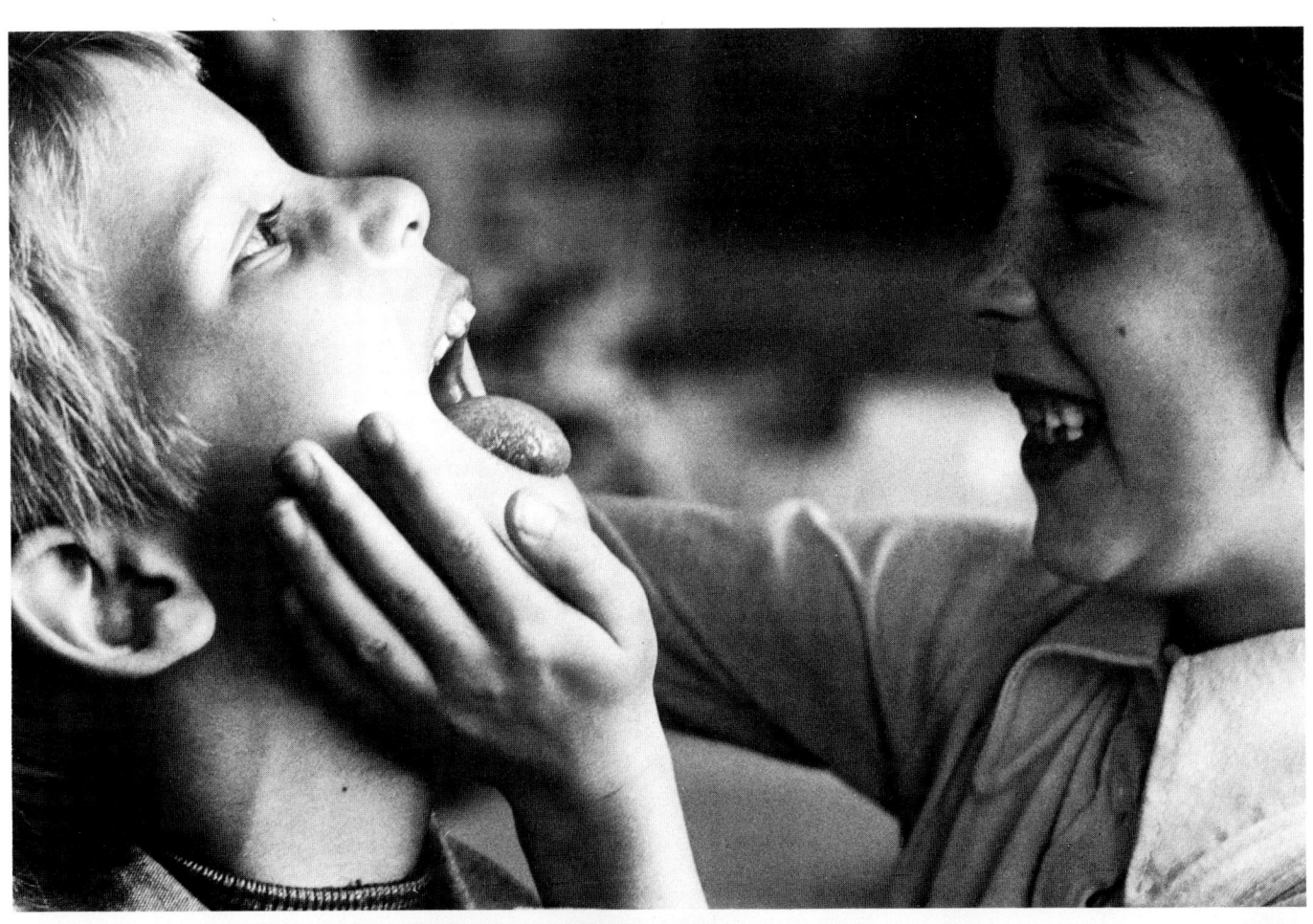

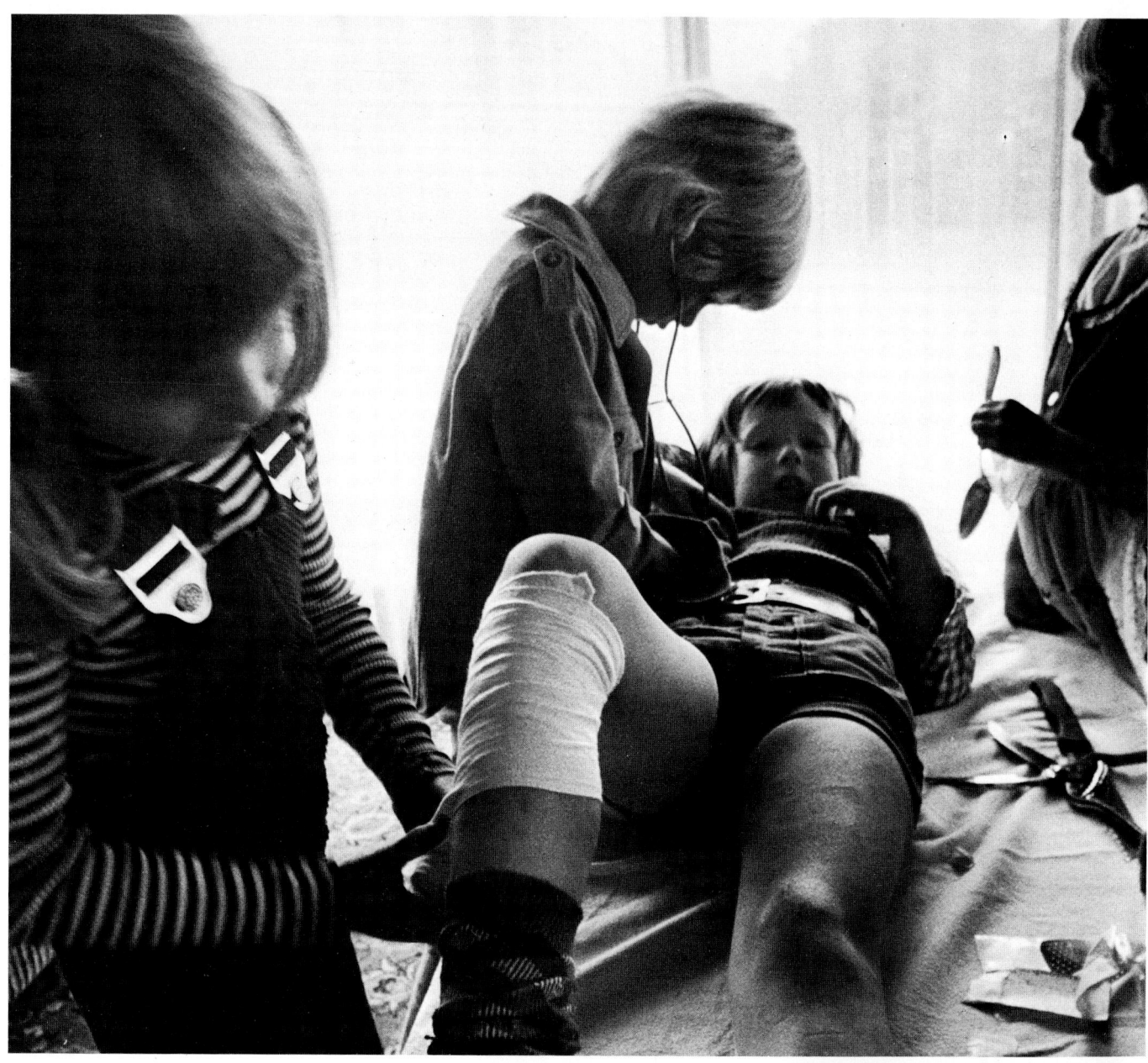

Beim Doktorspielen kommen wir darauf, daß wir gerade so ein Skelett haben möchten, wie wir es bei einem Besuch im Arztzimmer der Schule gesehen haben. An einem solchen Skelett können wir sehen, wie die Knochen aneinandergefügt sind.

Wie kommen wir zu einem Skelett? Die natürlichste, aber ein wenig langwierige Methode: Das Hühnerbein im Ameisenhaufen. Wir binden ein Hühnerbein an einen Stock und hängen es in einen Ameisenhaufen. Die Ameisen nagen das Fleisch von dem Knochen restlos ab. Durch die Ameisensäure wird der Knochen keimfrei und schlohweiß.

Eine andere, sehr viel schnellere Methode der keimfreien Bleichung: Man kocht einen gut abgenagten Knochen in einer starken Seifenlauge aus.

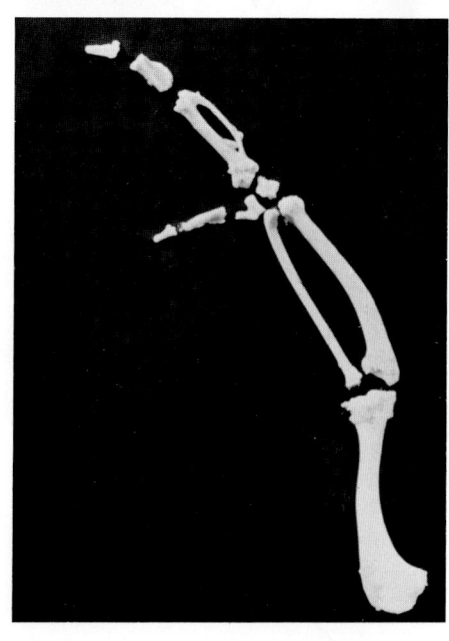

Aus der Vorbereitung zum Thema „Körper"

Vorausgegangen ist etwa: eine neue Krankmeldung, Gespräche über kranke und gesunde Freunde, Berichte über eigene Krankheitserlebnisse.

Interesse richtet sich auf das Doktorspiel und Unfallspiel:
— Versuch, Schmerzen und Beschwerden anzuzeigen, zu lokalisieren, ihnen Ausdruck zu verleihen (auch vor Fremden!)
— Ausdruck der Scheu oder der Angst vor dem Arzt ausspielen. Besuch im Schularztzimmer anschließen oder Schularzt/Schulzahnarzt bitten zu kommen.
— Ausdruck der Scheu oder Angst vor medizinischen Anwendungen ausspielen:
Pflaster schneiden und kleben
Verbände anlegen und aufrollen
Funktion des Fieberthermometers beobachten
sich Hilfeleistungen gefallen lassen
Puls ertasten, Herzschlag hören ...

Das Aussehen des Körpers rückt in den Mittelpunkt:
— Gegenseitiges Anschauen, Buch- und Bildbetrachtungen, Modellkörper aus der Naturkundesammlung.
— Herstellen eigener Modelle:
Klebebild des eigenen Mundes (Reißarbeit, Klebearbeit, Arkaden- und Girlandenschwünge)
Abdruck eigener Hände oder Füße (in Gips oder Wachs, auf Pappe oder Papier. Größenvergleiche, Paarordnungen)
Gliederpuppe = Gelenkhampelmann (Schneidearbeit, Knoten)
Herstellung eines Knochenpräparates (Vergleich Mensch—Tier)

Vorbeugende Maßnahmen treten in den Vordergrund:
1. Kinder verweisen auf Körperpflege (Utensilien zur Körperpflege sind im Spielraum)
   — Gegenstände und Mittel zur Körperpflege werden benannt und nach ihrem besonderen Verwendungszweck geordnet, Taschenpacken z. B.
   — Aktionen zur Körperpflege (Hände waschen, Zähne putzen ...)
   — Rollenspiele zum Tagesablauf mit gemeinsamen Singspielen
   — Basteln kleiner Gegenstände zur Körperpflege (Taschentuchdruck oder Verzierungen des eigenen Zahnbechers ...)
   — Buchbetrachtung oder Film
2. Körperertüchtigung kommt ins Gespräch
   — Turn- und Bewegungsspiele mit Hinweis auf ihren möglichen Sinn oder Nutzen
   — Bewegungen der Tiere, Imitation und Ratespiele
   — Atemspiele mit Luftballons oder Papierrollentrompeten
   — Kasperlespiel zum Hinweis auf Haltungsschäden (Fernsehspiel, Autofahrspiel ...)
3. Kinder erwähnen die Wichtigkeit der Nahrung (Auswahl möglichst vitaminreicher Grundnahrung im Gruppenraum bereithalten)
   — Märchenlesung mit Theaterspiel z. B. aus dem Schlaraffenland
   — Überlegungen, was Kinder für zu viel oder für zu wenig halten. Zuerst bezogen auf die Menge des Essens, später dann ausdehnen auf Mengen anderer Gegenstände
   — Unterscheidungsspiele mit Lebensmitteln (auch in Collagen)
   — Herstellung einer Mahlzeit nach Wahl:
   Quarkspeise (Ei aufschlagen)
   Mohrrübensalat (reiben)
   Zitronensaft (drücken)
   — Koch- und Küchenlieder zum Singen oder/und Spielen

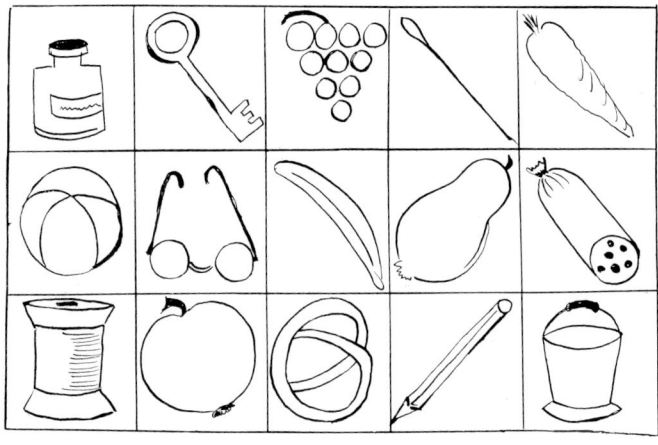

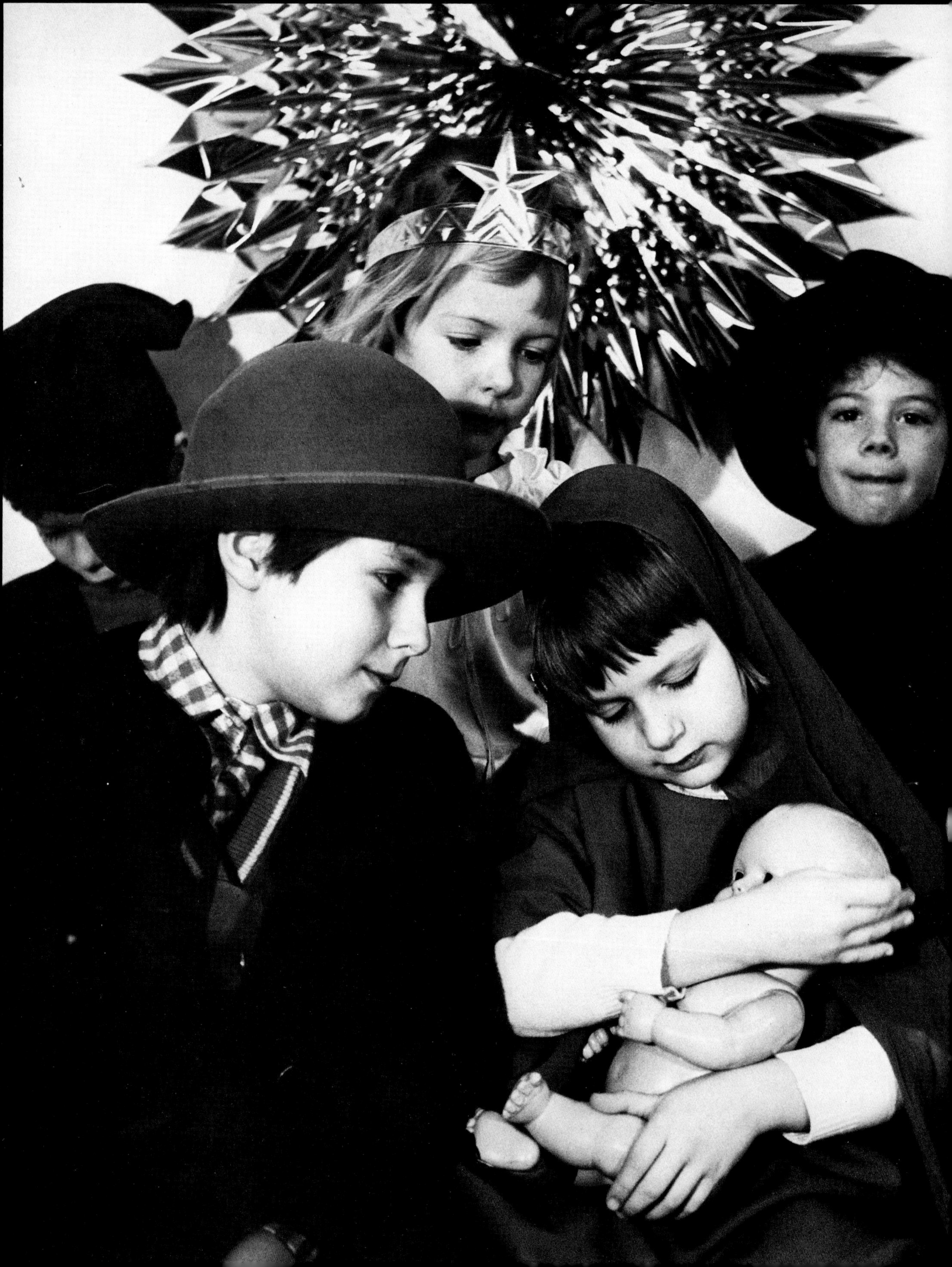

Advent und Weihnachten

Christian und Oliver, die zwei Unzertrennlichen, sind in einer heftigen Diskussion. Sie werden von Satz zu Satz lauter, so daß alle Gruppenkinder mit einbezogen werden. Es geht um die Frage, wer zu Weihnachten die Geschenke bringt. Oliver meint, daß die Mutter sie kauft. Christian besteht darauf, daß seine Mutter recht hat: Das Christkind bringt die Geschenke heimlich über Nacht — hat sie ihm gesagt. Da wir vorerst keine Lösung finden, beschließen wir, daß jeder noch einmal zu Hause fragen soll, ehe wir weiterdiskutieren.

Advent und Weihnachten

Sozialbezug

Kinder diskutieren über vorgefaßte Klischees im Bereich unserer christlichen Feste.

Kinder werden sensibilisiert für den Sinngehalt unserer Feste und Bräuche.

Sprachbezug

Kinder erfahren die Sprache als Mittel des Ausdrucks (z. B. Verbalisierung des weihnachtlichen Gedankens in einem Krippenspiel).

Bewußte Satzkonstruktionen (Subjekt, Prädikat, Objekt) in der Zukunftsform.

Literaturkontakte

Natur- und Sachbegegnung

Kinder erfahren verschiedene Möglichkeiten der Zeitmessung.

Kinder beginnen, sich in der Zeit zu orientieren.

Auch die Auskunft von Müttern, Vätern oder Großeltern bringt uns am nächsten Tag nicht unbedingt zu einer klaren Lösung. Wir scheinen auf ein Geheimnis gestoßen zu sein — wie es in der Weihnachtszeit wohl etliche gibt —, und wir nehmen uns vor, diesem Geheimnis etwas auf die Spur zu kommen.

Was ist Advent? Weshalb brennen vier Lichter an dem Kranz? Warum kommt der Nikolaus? Wieso trägt er einmal ein rotes Bischofsgewand und dann wieder eine braune Kutte? Was hat es mit dem Christkind auf sich? Und woher kommen die Geschenke?

Bei diesen Fragen der Kinder bemühen wir uns, wahrheitsgetreue Antworten zu geben. Wir versuchen, Ängste zu vermeiden und keine falschen Hoffnungen zu wecken. Ein solches Bemühen ist keineswegs identisch mit der Entkleidung des christlichen Mysteriums. „Natürlich wissen wir, daß nicht das Christkind oder der Weihnachtsmann die Geschenke bringt, sondern Vater und Mutter. Aber es ist schön sich vorzustellen, es wäre doch das Christkind. Weil wir es lieb haben!" Die sonst stets zum Protest aufgelegte Gruppe widerspricht dem Oliver nicht.

Auf dem Boden neuer Einsichten über den heiligen Nikolaus und alle Spiele oder Bräuche zu seinem Gedenken ist dann sicher manches Kind wieder in der Lage, zu dem nikolausspielenden Besucher Vertrauen zu fassen.

Unsere Gespräche kreisen um den *zentralen weihnachtlichen Gedanken* des Friedens und der Liebe unter den Menschen. Er findet in allen Weihnachtsvorbereitungen Ausdruck, sei es nun im Krippenspiel oder in den Geschenkbasteleien.

Es gibt nur wenige Krippenspiele, die die Klischeevorstellungen überwinden. Wir fanden ein Spiel von H. D. Metzger (Kaiser, München), das für einen Kindergottesdienst geschrieben worden ist. Abgesehen davon, daß man die an das Jahr der Veröffentlichung (1966) gebundenen Anlässe variieren müßte und daß der Text für unsere kleinen Kinder ab und an gekürzt werden könnte, ist hier einmal ein Modell gegeben, das zeigt, wie aktuell Weihnachten ist. Weihnachten als Besinnung auf das, was Christen heute und hier verändern können.

Das Schenken will geplant sein. Jeder möchte sein Bestes geben und allen Freunden eine Freude machen: Was können Vater und Mutter am nötigsten brauchen? Worüber werden sie sich am meisten freuen? „Meiner Mutter werde ich ein Nadelkissen basteln. Mein Vater wird sich am meisten über ein Bild von mir freuen . . ." Dies sind Aussagen über eine nächste Zukunft, sie sind in der Zukunftsform ausgesprochen.

Während wir basteln, wird vorgelesen. Wir schlagen folgende Sammlungen vor: „Weihnachtsbuch" (Westermann Verlag), „Weihnachtsgeschichten" (Tosa Verlag), „Acht Weihnachtsgeschichten" (Schneider Verlag), „Peters Weihnachtstraum" (Roth, Atlantis, Zürich).

Wie lange dauert es noch, bis der Nikolaus kommt? Diese Frage taucht immer wieder auf. Wir schauen auf den Kalender oder den Adventskalender oder — unsere Uhren. Wir kennen schon viele Uhren. Mutters Küchenuhr zum Beispiel, die Standuhr bei den Großeltern oder die Kirchturmuhr. Jetzt probieren wir eine ganz ungewöhnliche Uhr aus: die Kerzenuhr. Wir binden um eine einfache Haushaltskerze in gleichmäßigen Abständen einen Faden und markieren die Höhe der Fäden mit bunten Stecknadeln. Wenn die Kerze brennt, fällt mit dem schmelzenden Wachs in regelmäßigen Zeitabschnitten eine Stecknadel heraus.

Die schon fast ausgestorbene Eieruhr kommt bei uns zu neuen Ehren. Unsere Kinder beobachten, wie die Zeit mit dem Sand verrinnt. Langsam arbeiten wir uns an die moderne *Uhr* heran. Dabei sind wir der Meinung, daß — obwohl es

immer wieder Kinder im vorschulischen Alter gibt, die die Zeit lesen können —
es für die meisten eine Überforderung darstellt, 12 Zahlen und das Prinzip des
zweimaligen Durchgangs während 24 Stunden zu begreifen. Wir erarbeiten eine
Tageszeituhr, auf der die Kinder in Bildern tägliche Situationen festhalten. In
Anlehnung an die tageszeitliche Reihenfolge der Bilder entwickelt sich der
Begriff der Zeitabfolge. Eine Jahreszeitenuhr würde ähnliche Überlegungen,
aber in einem viel weitergefaßten Rahmen auslösen.

Raumerfassung und Sinnesschulung

Kinder werden sensibilisiert für die Subjektivität der Zeitempfindung.

Obwohl ein Kindergartenvormittag stets eine gleiche Zeit dauert, erscheint
er uns einmal länger und ein anderes Mal kürzer. Einmal war das Spiel spannend,
und einmal war es langweilig. Entsprechend unserer Empfindung verflogen die
Stunden oder die Zeit schien still zu stehen. Das subjektive Gefühl für den
Ablauf einer Zeit ist von vielen Faktoren abhängig. Unter anderem auch von
dem Alter der Kinder.

Kinder erfassen die zeitliche Ausdehnung von Ereignissen.

Wir erfahren, daß man Zeiten miteinander vergleichen kann.

Die Geschichten um Weihnachten fordern zum *Spiel mit der Zeit* auf. Sie kreisen
einerseits um Dinge aus längst vergangenen Tagen und deuten andererseits auf
erregende Ereignisse der nächsten Zukunft hin. Wir zählen die Tage bis zum
ersten Advent, bis zum Nikolaus und bis zum Heiligen Abend. Gestern — heute
— morgen oder auch: vorher — jetzt — nachher. Ganz konkret können wir
Handlungen und Geschehnisse durch zeitlichen Vergleich zueinander in
Beziehung setzen. Wir singen und spielen, währenddessen läuft die Eieruhr.
Heute läuft sie zweimal ab, und gestern ist sie dreimal abgelaufen, bis wir unser
Lied oder Spiel beendet hatten. Wir waren heute schneller. Bei anderen Wett-
oder Ratespielen kontrollieren wir nach der Eieruhr und nach unserer Kerzenuhr, wer schneller oder langsamer war. Hier zählt der Gewinner nach der
kürzesten Zeit. Wir können auch einen Gewinner nach der längsten benennen:
Wer behält am längsten das Versteck, das wir für unser Geschenk ausgesucht
haben? Wer weiß es in der Frühstückspause noch? Ja, wer weiß es gar am
nächsten Tag noch?

Musik und Bewegung

Kinder können rhythmische Folgen erinnern.

Wir üben unser Gedächtnis für Gesehenes und für Gehörtes. Wir erinnern uns an
Worte, Gedichte, Liedtexte und Aufträge — gesprochen, gesungen und
rhythmisch. Kram - pus, Ni - ko - laus pocht es an die Tür. Wer kann erraten,
wer vor der Tür steht und geklopft hat?

Kinder erkennen die Kreisform und können sie mit dem Körper und mit beiden Händen wiedergeben.

Weiterführung in: „Kleine Tiere — große Tiere".

Immer wieder begegnen wir der *Kreisform*. Kinder lieben den Kreis. Zwar
nimmt es immer eine gewisse Zeit in Anspruch, bis sie ihn darstellen können,
aber dann regt er sie zur ständigen Wiederholung an. Wir können diese Vorliebe
vielfältig aufgreifen: Da fliegen beide Arme als Zeiger einer großen Uhr, oder
wir spielen das Karussell des Weihnachtsmarktes, einmal schnell, einmal langsam
in die Runde.

Bildnerisches Gestalten

Die Kreisform kann beidhändig zu Papier gebracht werden.

Malen können die Kinder den Kreis als Adventskranz und, wenn sie schon
besonders geschickt sind, auch als Kugeln an einem Baum. Hier sind beidhändige
Übungen angezeigt.

Kinder erkennen den Zusammenhang von Kreis und Kugel.

Aus dem Kreis heraus entwickelt sich die Kugel. Wenn wir mit unserer Weih-
nachtsbäckerei anfangen und jedes Kind Plätzchen formen kann, sieht es diesen
Zusammenhang. Wir rollen Teigkugeln in der Hand und klopfen sie auf dem
Brett zu einem Plätzchen. Schon ist aus der Kugel ein Kreis geworden.

Advents- und Weihnachtsbasteleien.

Viel Zeit müssen wir uns für die ausgedachten Weihnachtsgeschenke lassen:
Es entstehen Sterne, Kerzenhalter, Untersetzer, Dosen, Täschchen, Bilder-
rahmen und vieles andere mehr.

Was könnte man sich alles zu Weihnachten wünschen? Es ist gar nicht notwendig, daß alle Träume erfüllt werden. Aber das Träumen ist schön, und sobald die Wünsche mit dem Malstift auf das Papier gezaubert sind, sind sie sichtbar, greifbar — wie die Wirklichkeit.

Zu jeder Weihnachtsvorbereitung gehört das Backen.
Welches Gebäck ist auch dann zu machen, wenn nicht eine komplette Kindergartenküche zur Verfügung steht?

a) Marzipan
250 g feingeriebene oder noch zu reibende Mandeln, 250 g gesiebten Puderzucker, einige Tropfen Rosenwasser. Die Zutaten fest durchkneten. Der Teig ist geeignet für: Marzipankartoffeln (Kakaohülle), Marzipanbrote, -brötchen oder Marzipanschweinchen oder Marzipanigel (Mandelspicker).

b) Mandel-, Nuß- oder Kokoshäufchen
3 Eiweiß, 250 g gesiebten Puderzucker, 250 g feingeriebene Nüsse oder ebenso viele Kokosraspel, Zimt, Vanillezucker und Oblaten. Die Zutaten werden gemischt und unter das steifgeschlagene Eiweiß gehoben. Löffelweise auf die Oblaten häufen. Es genügt, sie an der Luft trocknen zu lassen (eventuell im Herd bei milder Wärme überbacken).

c) Gebäck mit Füllungen
Fertiger und gefrorener Blätterteig wird aufgetaut, ausgerollt und in die gewünschten Formen gebracht. Die Formen können einzeln verziert oder mit Verschiedenem gefüllt werden. Es eignet sich Marmelade, Käse, Obst oder Wurst. Zum Scherz auch ein Ringlein oder eine kleine Figur.

Bis zum Christfest zählt man die Tage und erlebt, wie die Zeit vergeht. Einmal viel zu langsam und dann wieder eilig und schnell.
Wir messen die Zeit, wir beobachten ihren Lauf.

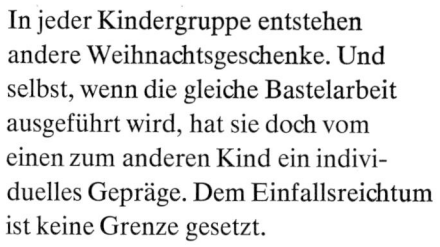

In jeder Kindergruppe entstehen andere Weihnachtsgeschenke. Und selbst, wenn die gleiche Bastelarbeit ausgeführt wird, hat sie doch vom einen zum anderen Kind ein individuelles Gepräge. Dem Einfallsreichtum ist keine Grenze gesetzt.

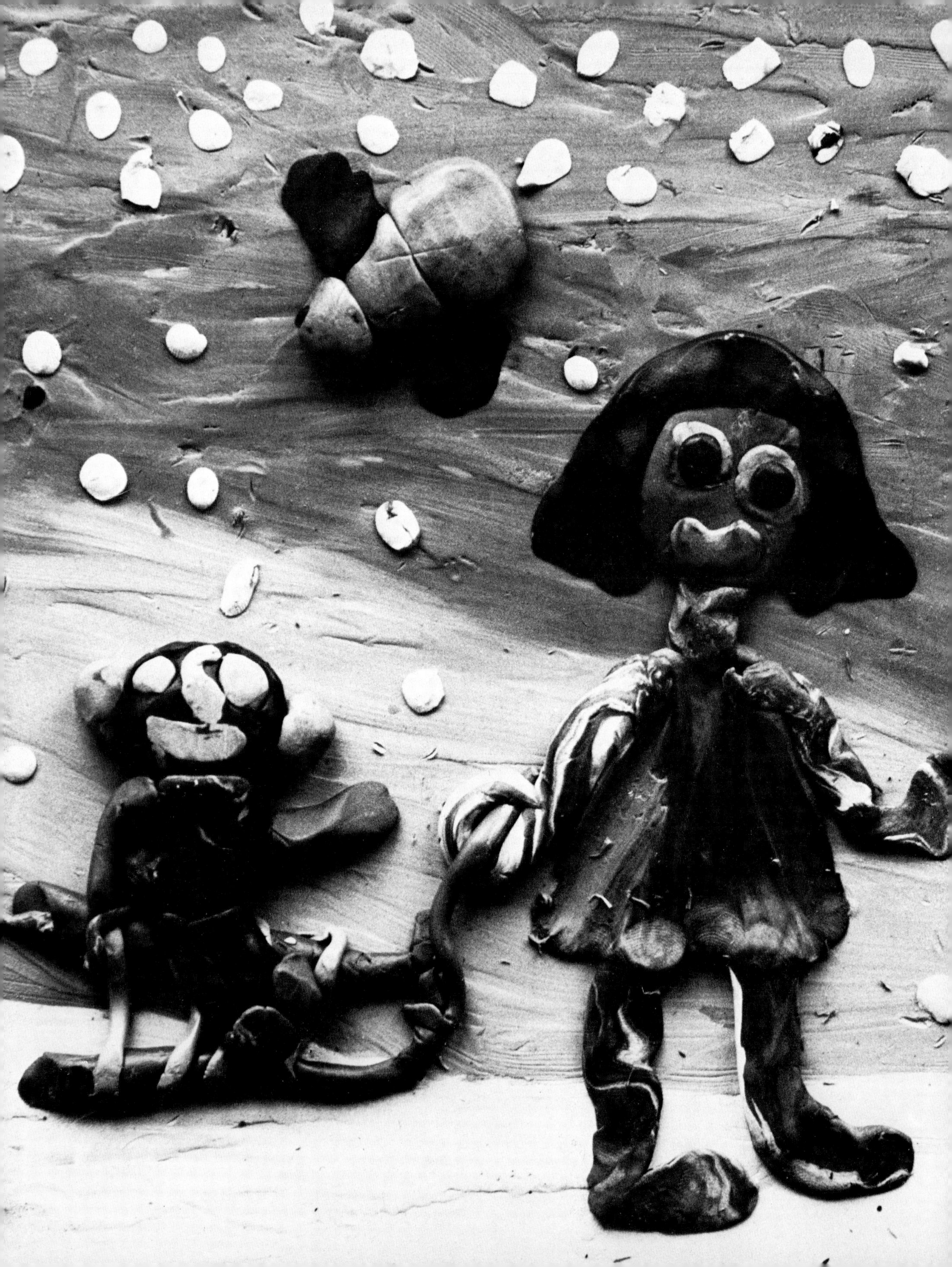

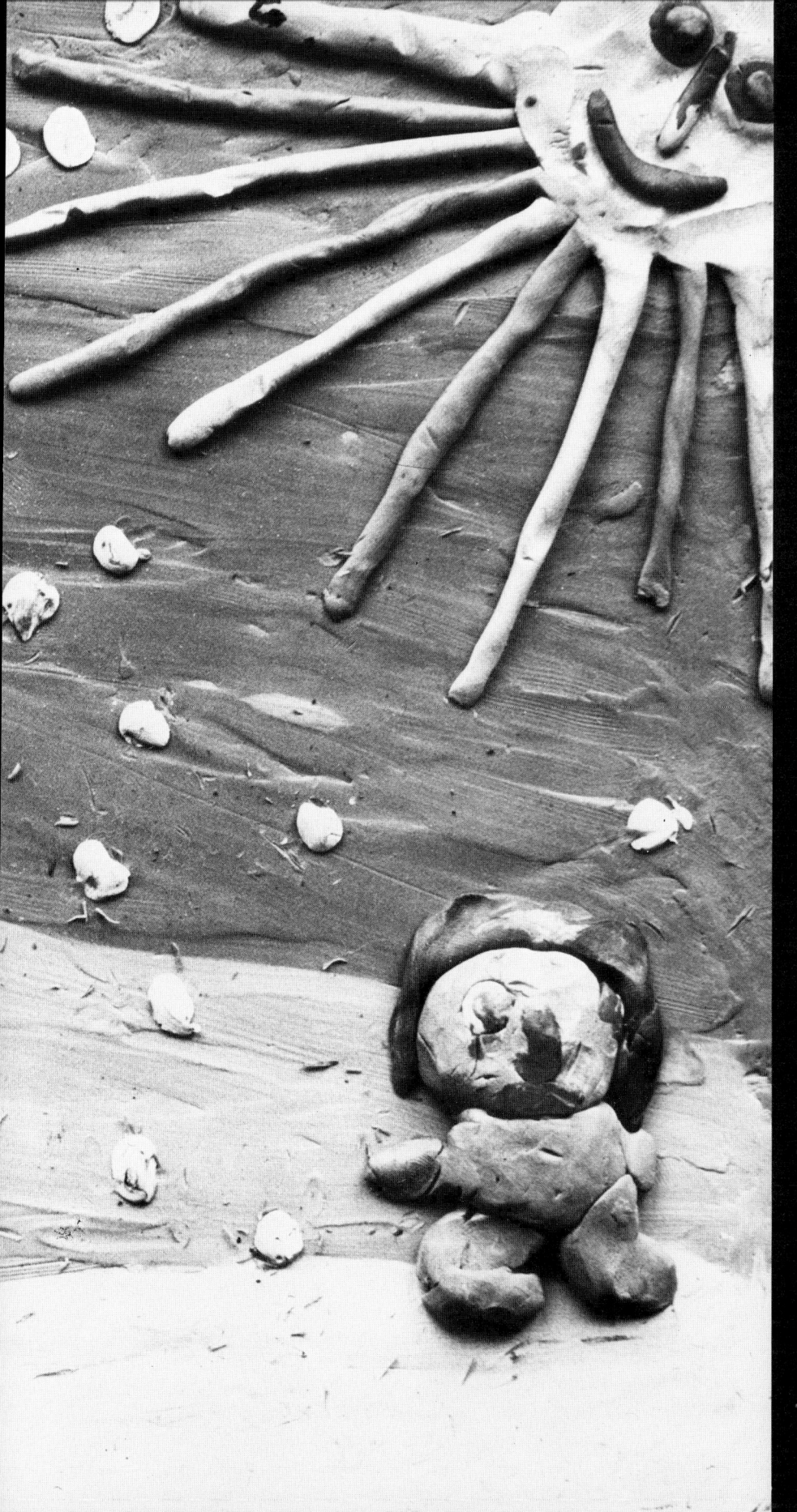

Wir erleben den Winter

„Schau, was ich dir mitgebracht habe!" Das Kind streckt vorsichtig den Arm aus, öffnet die Faust und balanciert mir etwas sicher sehr Kostbares entgegen. Ich sehe ein Wassertröpfchen und ahne, daß dies eine Schneeflocke gewesen sein muß. „Das war aber eben ganz bestimmt noch eine Schneeflocke; denn sieh doch selbst: es schneit!"

Wir erleben den Winter

Sprachbezug

Kinder erfahren, daß die Sprache ein Mittel zur Information ist.

Kinder können Tatbestände aus der Vergangenheit formulieren.

Literaturkontakte

Sozialbezug

Wir erkennen, daß Dinge, Geschehnisse und Tatsachen für verschiedene Menschen von verschiedenem Wert sind.

Wir lernen, die Verschiedenartigkeit der Wertschätzungen und Maßstäbe zu tolerieren.

Natur- und Sachbegegnung

Kinder beobachten Tiere im Winter und erfahren deren Gebundenheit in Naturmechanismen.

Kinder werden sensibilisiert für einen sinnvollen Tierschutz.

„Es schneit!", ruft jeder jedem zu, und jedesmal klingt es ein wenig anders: einmal voller Erwartung, begeistert oder glücklich, ein andermal ärgerlich, bekümmert oder mißmutig. Unsere Kinder allerdings freuen sich uneingeschränkt über den Schnee. Was kann man da alles unternehmen! Schlittenfahren, Skilaufen, Schlittschuhlaufen, Schneemänner bauen, Schneefiguren oder Burgen bauen. Und nicht zu vergessen — die Schneeballschlachten.

Die *Unannehmlichkeiten des Winters,* von denen Erwachsene berichten, sind für Kinder noch harmlos und interessant. Um dem Glatteis auf den Gehsteigen zu begegnen, ist Streusalz gekauft worden. Hat jemand von euch schon mal gehört, wie geheimnisvoll Streusalz knistert und springt? Dann hat der Vater die Autoreifen gewechselt, um auch beim Schnee ohne Unfall fahren zu können, und die Kinder haben zusehen dürfen. Die Mutter hat das Vogelhaus vom Speicher geholt. Es ist wirklich kaum zu sagen, was interessanter war — der Besuch in der Autowerkstatt oder die Kramerei auf dem Speicher.

Ebenso wie wir richten sich *die Tiere, ja, die ganze Natur auf den Winter ein.* Wir tragen zusammen, was wir über Wintervorbereitungen und den Winter selbst wissen. Wahrscheinlich erinnern wir uns an das vergangene Jahr und was uns damals begegnete. Die Kinder erzählen in einfachen Sätzen in der Vergangenheitsform.

Vielleicht erfahren wir noch manches Neue aus winterlichen Geschichten: „Mein Futterhäuschen" (G. Lübbe), „Der große Schnee" (A. Carigiet), „Frederic" (L. Lionni), „Drei Hasen im Schnee" (G. Beskow), „Wintermärchen" (E. Kreidolf), „Schneeweißchen und Rosenrot", „Frau Holle", „Der Fuchs und der Hase" (aus: Kinder- und Hausmärchen), „Was denkt die Maus am Donnerstag?" (J. Guggenmoos), „Vom Büblein auf dem Eis" (Güll).

Selten stehen *Ansichten, Wertschätzungen und Einstellungen* so kraß gegeneinander wie *beim Erlebnis winterlicher Geschehnisse.* Was eben noch ein Riesenspaß war, das Schneemannrollen zum Beispiel, kann im nächsten Augenblick recht ärgerliche Folgen haben: Eiskalte und schmerzende Hände in struppigen, tropfnassen Handschuhen treiben die Tränen in die Augen. Deutlicher noch treffen die unterschiedlichen Meinungen von Erwachsenen und Kindern aufeinander. Tatsächlich können winterliche Kinderspäße für einen älteren Menschen gefährlich werden. Unsere Kinder lernen verstehen, daß etwa eine Schlitterbahn für den, der sich nicht mehr auf ihr bewegen kann, zum Verhängnis werden kann. Er stürzt, bricht sich ein Bein und verbringt den Rest des Winters im Krankenhaus. Wir verstehen und akzeptieren jetzt: Schlitterbahnen sind besser nicht auf Gehwegen anzulegen, Schneeballschlachten führt man besser nicht in einer belebten Gegend aus.

Während wir uns selbst Regeln geben und auch geben müssen, um das Leben für jeden von uns sinnvoll zu gestalten, sind in der übrigen Natur *Lebenserhaltungsmechanismen* vorhanden. So haben Tiere ein ganz spezielles Anpassungsverhalten, um im Winter zu überleben. Die einen werden starr (Beobachtung von Insekten), die anderen gehen schlafen (Beobachtung von Igelmulden), einige wechseln zwischen Schlaf- und Futterzeiten ab, in denen sie vom Wintervorrat zehren (Beobachtung von Eichhörnchen).

Unsere Fürsorge gilt den *Tieren,* die ohne unsere Unterstützung im Schnee nur schwer überleben würden. Für die Vögel legen wir einen geschützten Futterplatz an und kochen für sie eine Dauermahlzeit. Die Grundstoffe sind Körner und Talg. Wie wärmen den Talg, mischen ihn mit den Körnern und füllen diese Masse in Schalen aus Kokos oder Rinde. Für Rehe, Hasen und Wildschweine haben wir einen Vorrat an Eicheln, Kastanien und Bucheckern aus der Herbstsammlung der letzten Wochen aufbewahrt. Wir geben unsere Spende dem Förster. Vielleicht führt er uns zu einer Futterstelle, die für Kinder erreichbar ist.

Kinder können Zeichen deuten und umsetzen.

Bei einem solchen Gang durch den Wald schauen wir im feuchten, weichen Waldboden oder im Schnee nach *Tierspuren*. Wie sehen die Spuren von Rehen, Hasen und Wildschweinen aus? Und wie sehen unsere eigenen Fußspuren aus? Wir erfinden ein Indianerspiel und suchen unsere Freunde mit Hilfe ihres Schuhsohlenmusters.

Kinder kennen die Aggregatzustände des Wassers.

Wenn wir genügend Schnee haben, bauen wir einen Schneemann oder machen eine Schneeballschlacht. *Was ist Schnee?* Schneeflocken sind in der Kälte erstarrte Wassertropfen um ein kleines Staubkörnchen (als Kondensationskern). Wir lassen einen Schneeball schmelzen. Er wird zu Wasser, zu schmutzigem Wasser! (Schnee nicht essen!) Das Wasser begegnet uns als Schnee, als Eis und als Dampf. Das Wasser kann vielerlei Formen annehmen. Kalt und nicht selten patschnaß kommen wir von draußen und freuen uns über die wohlige Wärme im Zimmer. *Wie bekommen wir Wärme?* Durch die Sonne, das Feuer, die Reibung, den Strom... Daß das Feuer wärmt und der elektrische Ofen warm wird, ist geläufig. Aber wie warm unsere Hände — und auch Gegenstände — werden, wenn man sie kräftig reibt, setzt die Kinder in Erstaunen.

Kinder experimentieren mit Wärme und Kälte.

Was geschieht nun, wenn Kaltes und Warmes zusammentreffen? Es entsteht eine Strömung. Wir können sie deutlich beobachten, wenn wir eine brennende Kerze an das geöffnete Fenster halten. Die kalte Luft fällt in unser warmes Zimmer herein. Und was tut die warme Luft? Sie steigt auf, und in ihrem steigenden Sog bewegt sie die Spiralenpuppe über der Heizung oder die Weihnachtspyramide über den Kerzen.

Raumerfassung und Sinnesschulung

Wir haben draußen einen Schneemann gebaut, dabei sind unsere Hände kälter geworden. Zu Anfang taten sie uns noch weh, dann haben wir sie fast nicht mehr gespürt. Doch nun kommt, in der Wärme, das Gefühl zurück. Unsere Hände prickeln und schmerzen, bis sie wieder gleichmäßig warm sind. Eine heiße Milch mit Honig wird uns jetzt gut tun. Wir holen die Milch kalt aus dem Kühlschrank und probieren einen kleinen Schluck. Einige mögen diese kalte Milch. Andere Kinder jammern, daß ihnen die Zähne weh täten. Langsam erhitzen wir die Milch. Aber auch jetzt können wir uns nicht recht einigen, wann wir die Milch als zu warm oder wann wir sie als angenehm temperiert empfinden. Jeder von uns scheint ein anderes Verhältnis zu Warmem und Kaltem zu haben.

Kinder unterscheiden Empfindungen nach den Qualitäten warm und kalt.

Wir erkennen, daß die Körperempfindungen „warm" und „kalt" vom Beurteiler und der jeweiligen Situation abhängen.

Trotz aller Subjektivität der Bestimmungen im Warm-Kalt-Bereich muß es doch aber möglich sein, sichere Aussagen zu machen. Wir beschließen, *Temperaturen zu messen*. Wie warm ist unsere Milch? Wie kalt ist das Wasser, wenn es zu Eis

Kinder messen Temperaturen mit Hilfe eines Thermometers.

zu werden scheint? Dazu haben wir uns ein großes Thermometer besorgt. Die Kinder beobachten das Steigen und das Sinken der Quecksilbersäule in den verschiedensten Meßsituationen und vergleichen die Angabe des Thermometers mit dem eigenen Gefühl. Am empfindlichsten für Temperaturschwankungen sind unsere Wangen und der Handrücken. Für diejenigen, die es besonders kalt mögen, bereiten wir ein Fruchtsafteis im Kühlschrank. Sobald das Fruchtwasser zu gefrieren scheint, können wir auch hier die sinkende Quecksilbersäule beobachten.

Mathematisches Grundverständnis

Kinder stellen Mengen nach bejahenden Kriterien her.

Kinder bilden Mengen nach verneinenden Kriterien.

Im Zimmer sind Kinder mit warmen Händen und Kinder mit nicht-warmen Händen. Oder es gibt Kinder mit trockenen Schuhen und solche mit nicht-trockenen Schuhen. Das heißt, daß wir *Gruppen* zusammenstellen, *die sich verneinend ergänzen,* von denen immer die eine Gruppe das Gegenteil der zweiten Gruppe ist. Es gibt viele solcher Zusammenstellungen: alle Dinge, die Mutter zum Backen braucht, oder alle Dinge, die die Mutter nicht zum Backen braucht. Vielleicht auch alle Tiere, die wir heute gefüttert haben, und alle Tiere, die wir heute nicht gefüttert haben.

Kinder werden sensibilisiert für die Erfassung gleicher Mengen.

Nun beschäftigt uns anschließend die Frage, ob alle nassen Schuhe, die wir zuvor in die Garderobe getragen haben, die *gleiche Menge* bleiben, wenn sie wieder trocken sind. Es ist die gleiche Menge, solange nicht ein einziges Paar der Schuhe fehlt. Alle Schuhe sind naß gewesen, sie gehören zusammen. Einen ähnlichen Gedanken können wir mit unserem Meisenfutter verbinden. Wir haben eine Menge von Futterringen zusammengestellt. Sie sollen für die Vögel hinausgebracht werden. Ob sie nun draußen an der Futterstelle hängen oder in unserem Zimmer auf dem Tisch liegen, es ist doch immer diese Menge Futterringe.

Musik und Bewegung

Kinder drücken Wahrnehmungen rhythmisch und musikalisch aus.

Wenn es uns keinen Spaß mehr macht, draußen mit dem Schnee, im Wind und in der Kälte zu spielen, dann tanzen wir wie die Flocken im Spielzimmer. Wir schweben zu einzelnen Tönen langsam und behäbig zu Boden wie dicke und schwere Flocken. Einen Schneesturm aus schnellen Tonfolgen begleiten wir mit wirbelnden Schritten, hüpfend und springend. Jeder kann für seinen Freund ein anderes Wetter erfinden. Oder ein Kind tanzt für alle, und wir raten, was gemeint ist. Und dann überlegen wir gemeinsam, was wir bei diesem Wetter anfangen könnten. Zum Beispiel: Schlittschuhlaufen. Und schon sausen alle Kinder auf imaginären Schlittschuhen schleifend und kurvend auf dem Phantasiesee herum. Auch die bekannten Winterlieder lassen sich darstellen.
Die Kurven und Schleifen der Schlittschuhspuren entdecken unsere Kinder überall wieder. Dort zieht der Rauch aus einem Schornstein solche Schleifen. Auch unser Atem steigt am Morgen in Schleifen auf. Und die Vögel drehen eine Schleife nach der anderen, ehe sie am Futterplatz landen. Wir machen es ihnen nach und beherrschen schließlich diese Schleifen in flüssigen Bewegungen.

Bildnerisches Gestalten

Kinder können in Bildern erzählen,
was sie getan haben,
was sie gesehen haben und
was sie gefühlt haben.

Beinahe *jede Bewegung kann man in einem Bild darstellen.* Wie sieht unsere Schlittschuhschleife aus? Wenn wir die Fläche des gefrorenen Sees genau betrachten, können wir die Schlittschuhspuren abzeichnen.

Für alle übrigen winterlichen Tätigkeiten fällt den Kindern eine Art der Darstellung ein, und auch die Dinge, die wir beobachtet haben, werden zu Papier gebracht, geklebt, geformt oder gefaltet.

Die Frage ist, ob wir die *winterlichen Kältegefühle in Bildern* ausdrücken können. Empfinden wir manche Farben als kalte Farben und manche Farben als warme Farben? Die Kinder haben erstaunlicherweise deutliche Vorstellungen, wie man Kälte farblich ausdrücken kann. Es entstehen Bilder in blaugrünen und grauweißen Farbtönen.

53

Es müßte doch möglich sein, dies Vogelfutter selbst zu kochen!

Wir kaufen Talg und Körnergemisch. Den Talg erwärmen wir ein wenig und mengen so viele Körner darunter, daß er gerade gebunden ist. Diesen Futterbrei füllen wir in halbe Kokosschalen, in Baumrindenschiffe oder auch in die kleinen Beutel, wie sie im Handel um Zitronen oder Mandarinen gebunden sind.

Alle Vögel, die nun zu unseren Futterplätzen kommen, können wir malen, kleben oder formen.

Aus der Vorbereitung zum Thema „Winter"

Vorausgegangen ist wahrscheinlich: Erlebnis eines Rauhreifs am Morgen, Schneefall, Frost oder anhaltendes schlechtes Wetter. Ebenso Berichte von sportlichen Leistungen beim Rodeln, Skifahren und Eislauf. Vielleicht wurde ein toter Igel gefunden oder ein starrer Marienkäfer, und schließlich können Situationen im Umkleideraum bei verknoteten Stiefelbändern den thematischen Anstoß gegeben haben.

Interessenschwerpunkt wird die Kälte oder die Wärme selbst:
— Märchenlesung, Dramatisierung und Singspiele
— Die kalte Stimmung auch in Farben einfangen (kalte Farben, warme Farben)
— Eigene unterschiedliche Empfindungen beim Berühren von Warmem und Kaltem. Unterschiede sowohl von Kind zu Kind, wie Unterschiede bei einem Kind von der Hand zum Mund.
— Zum Aufwärmen im Gruppenraum ein warmes Getränk herstellen (Zitronentee, warme Honigmilch ...)
— Wie erzeugen wir Wärme (Feuer, Strom, Reibung)? Erprobung verschiedener Wärmequellen
— Wie messen wir Wärme? (Erweiterung der Erfahrungen mit einem Thermometer)
— Die Bewegung der Wärme: Dampfschlieren unseres Getränkes, über der Heizung, an den Kaminen
— Spiele zum Thema der Wärmebewegung: Mobiles (schneiden mit der Schere, Versuch der Schwerpunktfindung)

Das winterliche Wetter tritt in den Vordergrund der Gespräche

1. Die Kinder sprechen vom Wetter
   — Berichte von unterschiedlichem Wetter und den eigenen Erlebnissen dazu auf Tonband aufnehmen
   — musisch-rhythmische Darstellung von unterschiedlichem Wetter (trommelnder bis klopfender Regen, sausender bis säuselnder Wind usw.) ebenso auf Tonband aufnehmen
   — Akustische Montage beider Tonbänder
   — Anlegen einer Wetterkarte (Verwendung von Symbolen)
   — Spaziergang mit Tollereien, die man nicht jeden Tag tun darf (Pfützen springen, Schneemann bauen und zerstören, Schneebälle formen und werfen. Möglichkeit des Umziehens muß gegeben sein!)
   — Je nach Wetterlage mitbringen:
   Regenwasser (Mikroskop, verdampfen)
   Schnee im Glas (schmelzen, Schmutzreste betrachten)
   Eis (Kristalle auch am Fenster)
   — Darstellen, was wir bei Winterwetter tun, mit verschiedenen Materialien nach Wahl (Plastelin, Farbe, Buntpapier)

2. Die Kinder sprechen von ihren Empfindungen und ihren Wünschen in bezug auf das winterliche Wetter
   — Geschichten und Märchen zum Thema, was verschiedene Leute beim Winterwetter empfinden und wie sie auf Winterwetter reagieren
   — Rollenspiele hierzu. Pantomimisch darstellen und erraten. Darstellung wird durch Kleidung erleichtert
   — Unterschiedliche Kleidung bei winterlichem Wetter mit den besonderen Problemen bei Kindern:
   Stiefelbänder binden
   Anorakreißverschlüsse schließen
   Regenschirme öffnen und schließen

3. Interessenschwerpunkt liegt bei Erlebnissen und Überlegungen zum Verhalten der Tiere im Winter
   — Buchbesprechung und Märchenlesungen
   — Sinnvolles Verhalten gegenüber Tieren:
   Freiwild — Gang zur Wildfütterung mit den gesammelten Eicheln und Kastanien vom Herbst
   Vögel — Vogelfutterherstellung oder Vogelhausbau mit Aufstellung
   Igel — Laubunterschlupf bauen
   — Darstellung der Tiere im Winter unter Verwendung verschiedener Materialien, je nach Wunsch und Geschick der Gruppe

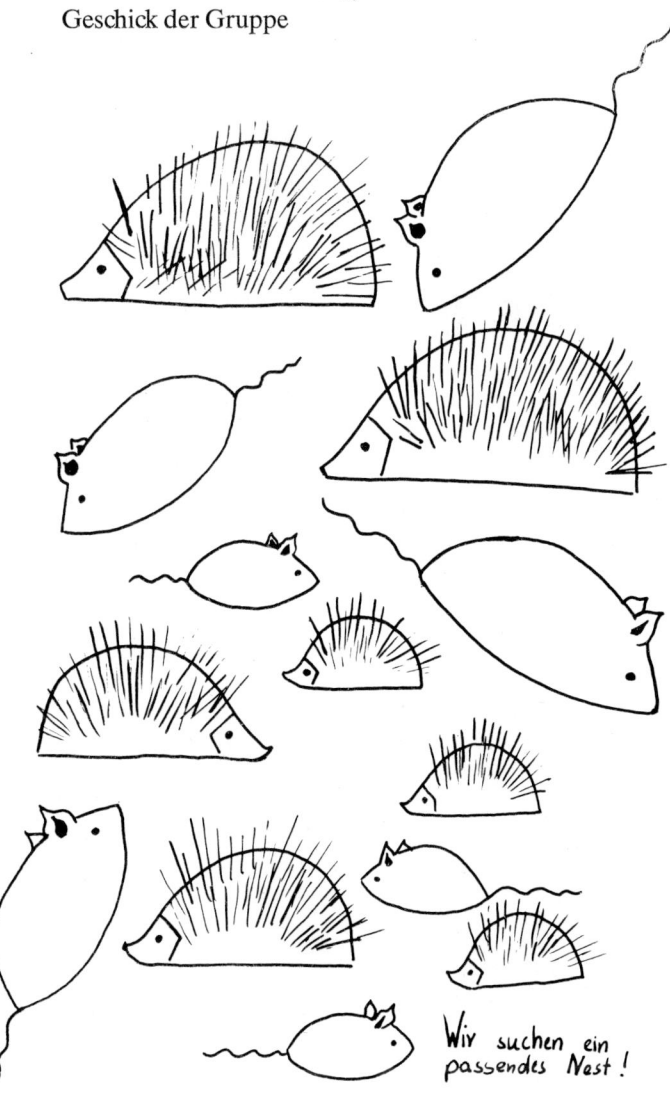

Wir suchen ein passendes Nest!

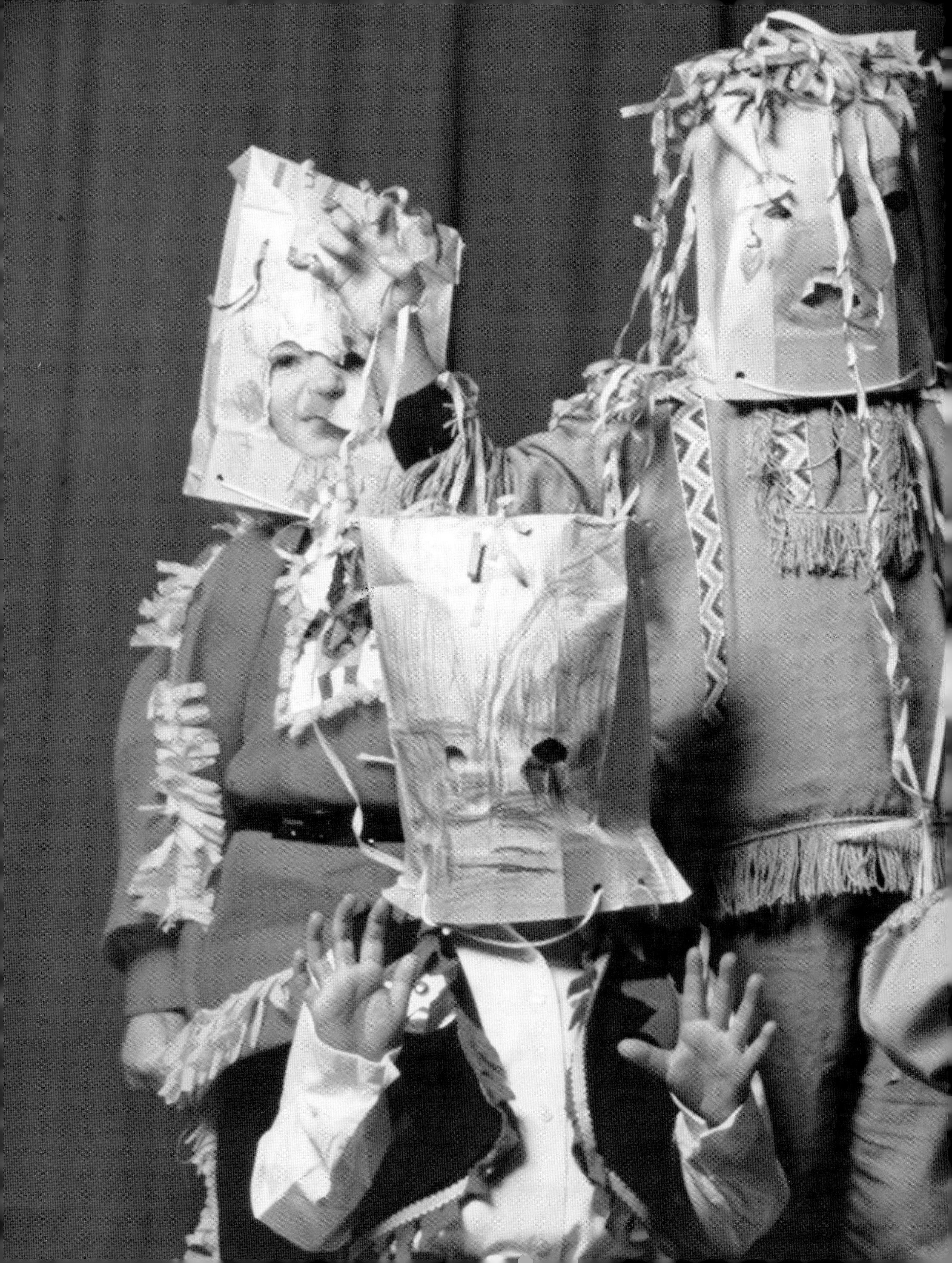

Narrenzeit

Der Wunsch, beim Faschingsspaß und Faschingstreiben mitzumachen, kommt ganz von selbst. Er wird größer und größer und platzt eines Tages wie ein übervoller Luftballon.

Narrenzeit

Ob „Fasching", „Karneval" oder „Kostümfest" — es ist eine *Zeit der Töne und der Farben, eine Zeit der Wunschträume und der Gastlichkeit*. Wohl darf man an anderen Tagen auch musizieren, malen, sich verkleiden und Feste feiern, doch jedes zu seiner Zeit und an seinem Ort. Jetzt hat sich der Raum geweitet, und niemand zählt die Stunden. Überall tönt und schallt es. Keiner nimmt Anstoß an ungewöhnlichen Bekleidungen, jeder darf in eine Rolle schlüpfen. Keine Kulisse ist zu farbig, und jede Dekoration ist recht.

Sprachbezug

Kinder planen ein Fest.

Was tun wir nun zum Beispiel, um es unseren Gästen und uns so schön wie möglich zu machen? Eine große Frage! Vieles muß bedacht werden: von der Zimmerdekoration über das Tischdecken und schmackhafte Gerichte bis zur Musik. Bei unserem *eigenen Fest* werden wir alle Überlegungen in die Tat umsetzen.

Kinder stellen verschiedene Rollen in Rede und Gegenrede dar.

Eine besondere Attraktion ist das *Verkleiden*. Wir dürfen sein, was wir schon immer sein wollten. Mit Worten, Gesten und Requisiten stellen wir unsere Wunschgestalt vor. Vielleicht können die Freunde erraten, was wir darstellen und wer wir nun sind?

Es gibt Kinder, die Scheu haben, in ihrer Verkleidung vor die anderen zu treten. Sie schauen ängstlich und tragen ihr Kostüm wie etwas Fremdes mit sich herum. Für diese Kinder gibt es ein herrliches und einfaches „Zaubermittel": *die Maske*. Dahinter fühlen sie sich sicher und frei, sie erwerben tatsächlich ein Stück Selbstvertrauen.

Faschingsspiele sind in besonderer Weise dazu angetan, unsere Wangen- und Lippenmuskulatur zu stärken: Luftballon aufblasen, Zielpusten mit Luftschlangen, Seifenblasen fangen, Wasserfarben verpusten.

Bei der Vorbereitung unserer Faschingsfeier stellen wir Gesellschaftsspiele zusammen: Blinzeln, Die Reise nach Jerusalem, Ich hab 'ne Tante Lies, Mehlessen, Flaschenstolpern, Hänschen piep einmal.

Sozialbezug

Kinder anerkennen Regeln in ihren Spielen.

Wir sehen, daß es auch in anderen Lebensbereichen einzuhaltende Spielregeln gibt.

Spiele aus dem klassischen Spielrepertoir, die jeweils an feste Regeln gebunden sind. Diese Regeln müssen wir kennen und beachten, wenn das Spiel erfolgreich und lustig werden soll. Aber auch in vielen anderen Lebensbereichen gibt es „Spielregeln". Seien dies nun Formen der Begrüßung, des Dankes oder Sitten bei Tisch, auf der Straße oder zu Hause. Über lustige, aber deutliche Kontrastspiele kann man den Kindern vor Augen führen, wie zum Beispiel unser Fest und die Begegnung mit Partnern, Freunden oder Gästen verlaufen würde, wenn wir diese Spielregeln mißachteten (Türen knallen, Garderobe auf den Boden streuen, Kaugummis irgendwo hinkleben usw.).

Raumerfassung und Sinnesschulung

Kinder machen Erfahrungen mit lauten und leisen Geräuschen.

Fasching ist die Zeit der Geräusche. Da kracht und tönt es, lärmt und lacht es. Wir fragen: Was ist in unserer unmittelbaren Umgebung laut, und was ist leise? Wir suchen nach Geräuschquellen und machen Spiele, bei denen Geräusche und Töne an die Grenze des gerade noch Hörbaren reichen. Die Kinder müssen konzentriert lauschen, um den Wecker zu finden, der in einer Zimmerecke tickt, oder zu verstehen, was für eine geheimnisvolle Botschaft wir einander in die Ohren flüstern. Und dann werden Geräusche oder Töne lauter und lauter, bis wir sie schließlich nicht mehr ertragen können und uns die Ohren zuhalten. Kann man sehr laute Töne eigentlich noch identifizieren?

Kinder erkennen, daß die Beurteilung unserer Wahrnehmungen vom persönlichen Eindruck des Beurteilers abhängig ist.

Wir stellen selbst Geräusche her, die zur Festigung des Begriffspaares *laut — leise* dienen. Wir bestimmen vorher, ob wir nun etwas Lautes oder etwas Leises ertönen lassen. Ob unsere Zuhörer die Lautstärke genauso empfinden, wie wir sie angekündigt haben?

Kinder bestimmen Geräusche nach Stärke, Dauer und Richtung.	Die Fähigkeit der Kinder wird aktiviert, akustische Wahrnehmngen zu analysieren. Die Bestimmung, etwas sei laut und etwas sei leise, ist dabei ein erster Schritt. Dann stellen die Kinder fest, *aus welcher Richtung ein Geräusch kommt*. Höre ich einen Laut hinter mir oder klingt ein Ton neben mir? Und schließlich ist die Bestimmung der *Ton- oder Geräuschdauer* interessant. Diese Spiele sind als Vorübungen für das Lesen zu verstehen und sollten auf diverse Materialien ausgedehnt werden.
	Während wir schon aktiv mit allem, was tönt, umgehen, ist immer noch die Frage offen, *was ein Ton eigentlich ist*.
Natur- und Sachbegegnung Kinder erkennen den Zusammenhang zwischen Schwingung und Ton und experimentieren selbst.	Versuche faszinieren immer wieder, selbst die zappeligsten Kinder werden vor Erwartung und Spannung still: Wir haben etliche Geräte im Raum, die wir zum Schwingen bringen und ihnen so Töne entlocken. Die Schwingungen sollten auf jeden Fall deutlich zu sehen oder zu fühlen sein, so daß der Zusammenhang von vorhandener Schwingung und erzeugtem Ton eindeutig wird. Auch die schwingende Luft kann man fühlbar und sichtbar machen, wenn man beim Pfeifen einen feuchten Finger bzw. eine Kerze nahe an den Mund hält.
	Dann bauen wir Instrumente aus allen nur möglichen Gegenständen: Kämmen, Küchengeräten, Dosen, Gummibändern und Flaschen mit verschiedener Füllung. Mit diesem „Orchester" sind wir für jede Faschingsparty gerüstet.
Mathematisches Grundverständnis Wir bestimmen über die eins-zu-eins Zuordnung gleiche Mengen.	Ebenso wichtig für die *geplante Party* ist, daß jeder Gast seinen Platz, seinen Teller, ein Glas und seinen Kuchen hat. Wir ordnen gewissenhaft eines zum anderen. Nach einer so konkreten eins-zu-eins Zuordnungsübung können die theoretischen Überlegungen anhand weiterer Materialien erprobt werden. Da braucht jeder Faschingskasper seine Mütze, jeder Ball trifft sein Zielloch, und jedes Kind erhält sein Pfand.
Bildnerisches Gestalten Wir decken einen gastlichen Tisch. Wir stellen Faschingsdekorationen her und schmücken den Raum. Wir basteln charakteristische Requisiten für Kostüme (Hüte, Masken...).	Nachdem wir die Tische für unsere Gäste gedeckt haben, denken wir an die Bewirtung. Käse-, Wurst- und Butterbrote sollen gestrichen werden, und Blätterteig wird mit Überraschungen gefüllt. Zur Dekoration des Raumes stellen wir gemeinsam Lampions, Girlanden und Blumen her. Das Kernstück stellt ein aus kleinen Kreppapier-Schnipseln geknüllter Hampelmann oder Struwwelpeter oder Max und Moritz dar. Für den Fall, daß wir unsere persönliche Verkleidung zugunsten eines gemeinsamen Faschingsthemas ablegen, basteln wir uns Masken aller Art aus Tüten, Papptellern und Gipsbinden. Dann geht es auf zur Geisterbahn, zum Hexensabbat oder zum Königsschloß.
Musik und Bewegung Kinder tanzen eine Faschingspolonaise.	Die Masken sind fertig, der Raum ist geschmückt. Nun kann unser Fest beginnen! Die Polonaise gibt den Auftakt: Wir bewegen uns in einfachen, sich immer wieder lösenden Kreisformen. Die Kinder stapfen und klatschen den Rhythmus.

Wir alle singen:

„Jetzt kommt die lustige Faschingszeit..." (Ludi musici, S. 36)
„Kinder, jetzt ist Faschingszeit..." (Ludi musici, S. 37)
„Die Tiere machen Karneval..." (Ludi musici, S. 38)
„Rumsdideldums dideldudel Sack..." (Willkommen, lieber Tag, S. 42)
„Jetzt tanzt Hampelmann..." (Willkommen, lieber Tag, S. 23)
„Wir sind die Musikanten..." (Wir kleinen Sänger, S. 133)

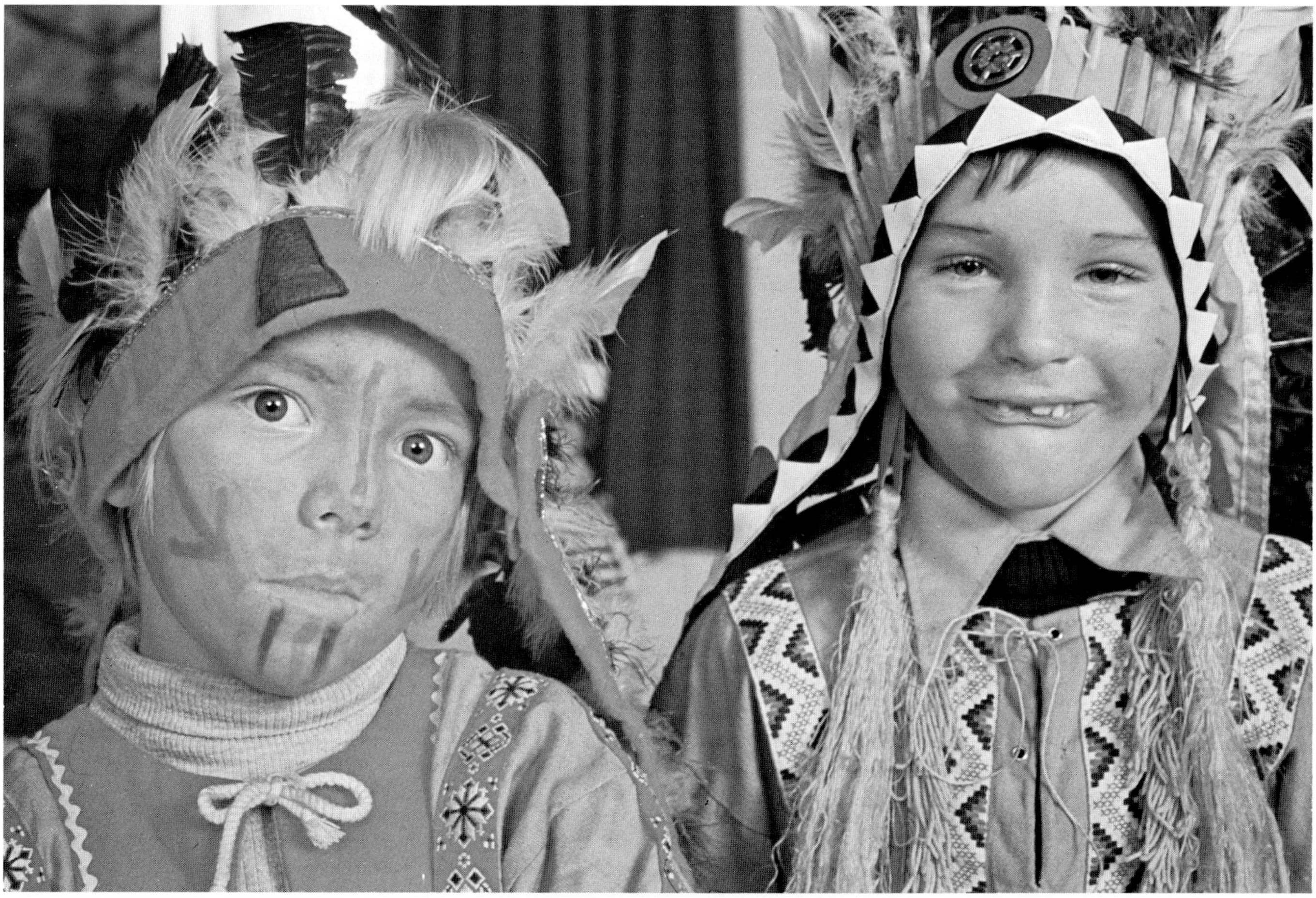

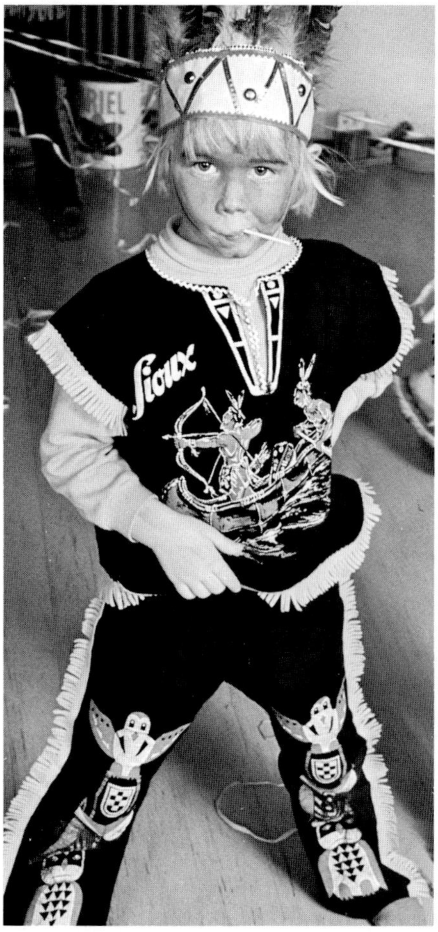
Sioux

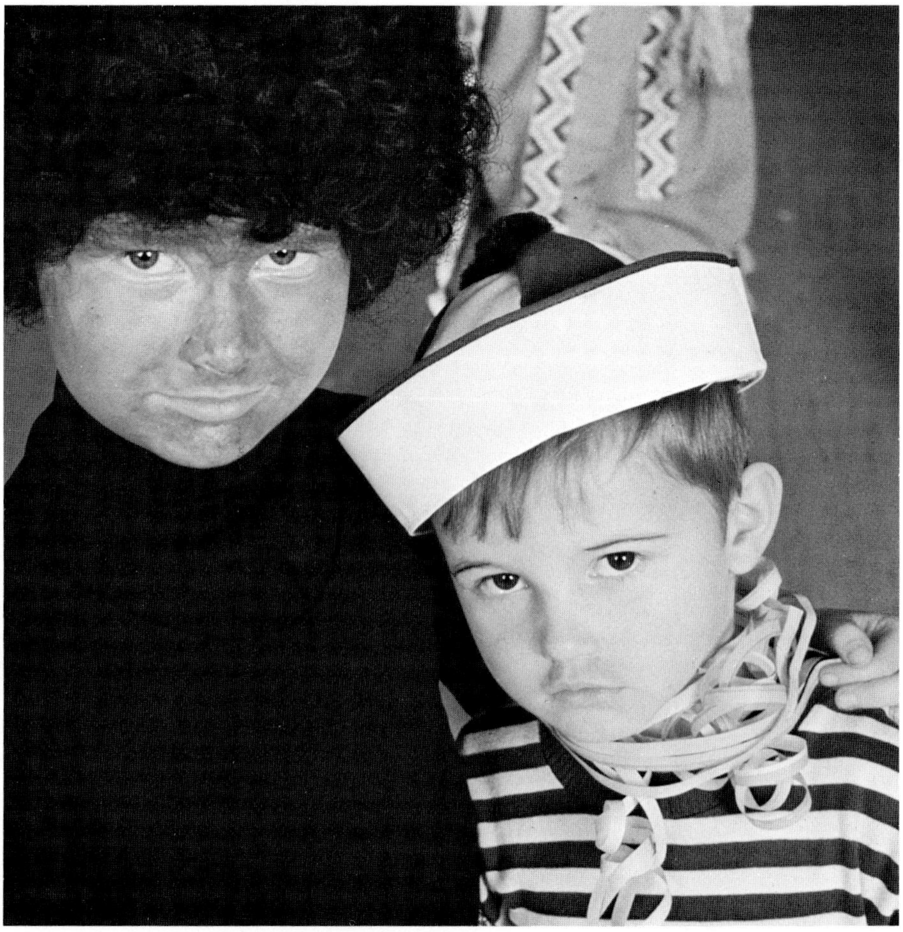

Zum Faschingstreiben fehlen uns noch selbstgebastelte Masken, die sicher viel komischer sind als alle gekauften Masken zusammen.

Am einfachsten sind Tütenmasken. Ob dreieckig und kantig, sie passen über jeden Kopf. Mit einigen wenigen Schnitten, Papierschnitzeln und Farben lassen sich die abenteuerlichsten Fratzen herstellen.

Wir haben uns eine besondere Maskenherstellung ausgedacht. Jeder kennt die mit Schnellgips durchtränkten Mullbinden, die bei Knochenbrüchen verwendet werden. Mit solchen Gipsbinden kann man paßgerechte Masken für jedes Gesicht arbeiten.

Die mutigen Buben stellen sich zuerst diesem Abenteuer. Ihr Gesicht wird mit einem weichen Zellstofftuch abgedeckt. Für jedes Auge, die Nase und für den Mund reißen wir eine Öffnung. Von der trockenen Gipsbinde werden kleine Stücke abgeschnitten, die etwa quer über die Stirn oder die Nase passen, die man auch von den Schläfen über die Wangen zum Kinn herunterlegen kann. Diese Stücke kurz in lauwarmes Wasser getaucht und dann auf das geschützte Gesicht gelegt, trocknen in wenigen Sekunden zu einer persönlichen Maske. Die Kinder malen ihre Gipsgesichter mit großer Freude an.

Sollten uns einmal die Masken fehlen, dann werden unsere Partyteller umfunktioniert. Sie bekommen Haltestreifen aus starker Pappe, so daß sie wie Stabpuppen bewegt werden können. Sie werden zurechtgeschnitten und bemalt.

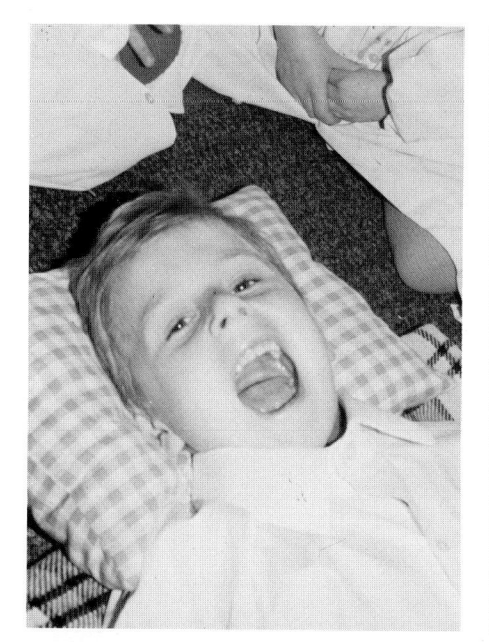

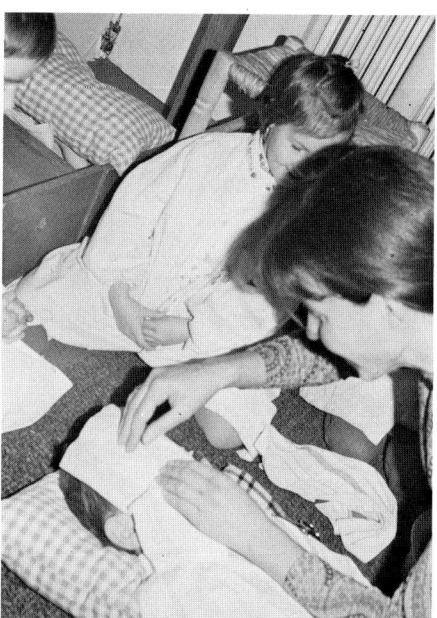

Die Darstellung der Wunschgestalt nimmt in unseren Faschingsdekorationen einen breiten Raum ein. Wir arbeiten so großflächig wie möglich, damit die Kinder ungehemmt mit der Farbe umgehen und sich so freispielen können. Auch ihre Freude an Geräuschen und am Lärm sollten sie einmal so recht ausleben können.

63

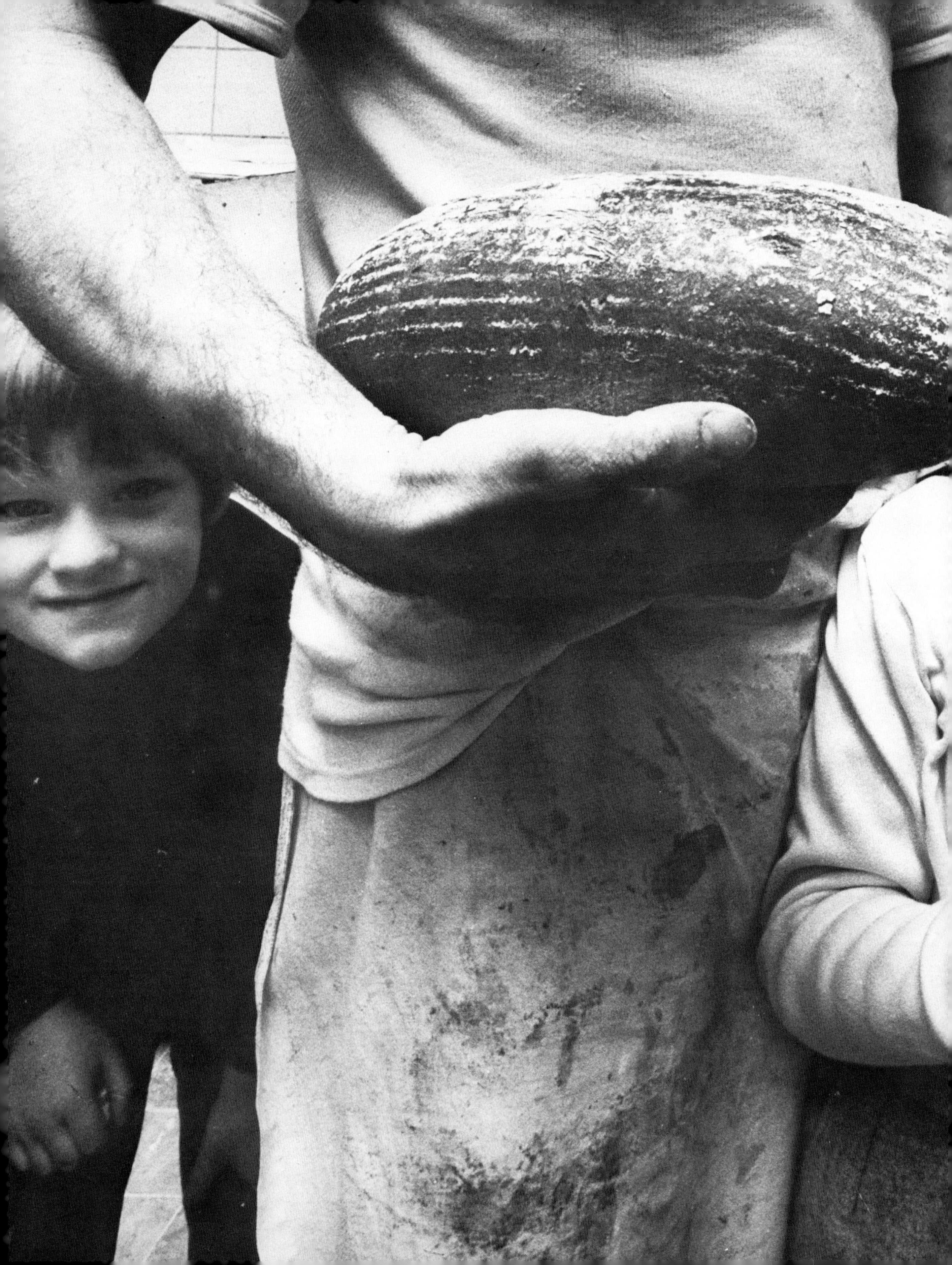

Arbeitende Menschen in unserer Straße

Ein neues Kind kommt in unsere Gruppe. Spannung und Neugier auf allen Seiten. Es wirkt beruhigend und hilft, wenn wir dem Kind und seiner Mutter sachliche Informationen geben können. Welcher Weg zum Kindergarten der kürzeste und der ungefährlichste ist. Wo man die schönsten Frühstückssemmeln bekommt und wo man die Anmeldungsformulare für den Kindergarten holen muß. Die Gruppe meint, es wäre schön, wenn wir alle zusammen — mit unserem neuen Freund — unsere Straße mit ihren Menschen kennenlernen würden.

Arbeitende Menschen in unserer Straße

Auf dem Weg von der Wohnung zum Kindergarten begegnet unseren Kindern eine ganze Welt, die es sich näher anzuschauen lohnt. Angefangen bei den Steinen und Regenpfützen, die den Weg sehr unterhaltsam unterbrechen können, bis zu den Autos, um die man besser einen Bogen macht — ob sie nun parken oder fahren.

Faszinierend sind die Schaufenster, vor denen man ins Träumen geraten kann. Interessant sind die Menschen, die uns auf dem Weg begegnen. Da geht der Postbote beinahe jeden Morgen von Haus zu Haus, die Nachbarin führt den Dackel spazieren, und die Straßenreinigung rumpelt fegend den Rinnstein entlang, während der Bäcker einen Schwatz vor der Ladentür hält. Die Nachbarin kennen wir gut, aber was der Postbote eigentlich tut, wenn er die Briefe ausgetragen hat, und wie es möglich ist, daß der Bäcker schon in aller Frühe seine Brötchen fertig hat, das wüßten wir gern.

Bei einem Spaziergang durch die nächstgelegenen Straßen, vorbei an Wohnhäusern, Geschäften und öffentlichen Gebäuden, tauchen viele neugierige Fragen auf. Das Beste wäre, wenn man hinter jede Türe schauen könnte, um zu sehen, wer dort wohnt, und zu beobachten, was geschieht.

Sprachbezug

Wortschatzerweiterung über Gespräche und dramatisierende Spiele.

Wir entscheiden gemeinsam, was wir uns genauer anschauen wollen, und führen *Unterrichtsgänge* durch (Post, Bahn, Bäcker, Rathaus usw.). Es ist in jedem Fall nötig, den Besuch anzumelden und eine für beide Teile angenehme Zeit zu vereinbaren. Nicht immer sind solche Ausflüge ein rundherum positives Erlebnis. Ein Erlebnis sind sie aber in jedem Fall. Und für die nächste Zeit haben wir ein umfangreiches Gesprächsmaterial. Dabei lassen sich viele unserer Erlebnisse auch durch Gesten zum Ausdruck bringen. Wir raten dann reihum, was die eine oder die andere Geste bedeuten soll, welche Absicht, welche Tätigkeit ein Kind darstellt.

Konkrete Auseinandersetzung mit dem Kernstück eines Satzes, dem Tätigkeitswort.

Literaturkontakte

Da wir auf unseren Unterrichtsgängen keineswegs die ganze Fülle dessen erkunden können, was sich in unserer Straße oder auf unserem täglichen Weg alles tut, holen wir uns weitere Informationen und Anregungen aus Büchern: „Wer sieht was?" (T. Scapa), „Ein Brief aus Buxtehude" (H. Baumann), „Die Feuerwehr hilft immer" (H. Baumann), „Rundherum in meiner Stadt" (A. Mitgutsch), „Bei uns im Dorf" (A. Mitgutsch).

Sozialbezug

Das soziale Umfeld wird auf eine größere Zahl von Kontaktpersonen ausgedehnt.

Diese *Erweiterung des Gesichtskreises* hat in erster Linie eine *Bereicherung des Sozialraumes* zur Folge. Über die Familien- und Kindergartenkontakte hinaus eröffnen sich hier Einblicke in alle möglichen Lebensbereiche, und die Kinder können aus der Sicherheit heraus, die die Gruppe bietet, neue Kontakte knüpfen.

Kinder stellen Überlegungen über die Bedeutung von Berufsgruppen an und lernen, eventuelle Vorurteile abzubauen.

Jeder hat seinen Platz, und ohne den Einsatz eines jeden würde die Gemeinschaft große Schwierigkeiten haben. Es ist leicht auszumalen, was zum Beispiel geschehen würde, wenn der Bäcker keine Brote mehr backen will oder wenn die Müllfahrer streiken. Hier fehlt es ja nicht an aktuellen Anlässen. Dabei sollten wir es nicht mit theoretischen Erörterungen bewenden lassen. Mit Worten ist leicht Toleranz und Solidarität zu üben. Beides aber sind Dinge, die man leben muß, und dazu gehört Mut. Ermutigen wir die Kinder, mit den bisher fremden Menschen zu reden, sie nach ihrem Tun und ihren Wünschen zu fragen, um daraus für sich selbst als Glied eben dieser Gemeinschaft Konsequenzen zu ziehen.

Kinder werden ermutigt, mit fremden Menschen zu sprechen.

Natur- und Sachbegegnung

Kinder lernen Arbeitsmethoden und Arbeitsmaterialien aus ein bis zwei Berufen kennen.

Unsere Beobachtungen rundherum in unserer Straße und die Gespräche mit den verschiedensten Bewohnern dieser Straße bringen sachlich Neues und Wissenswertes. Je nach Aktualität und nach Interessenlage der Gruppe und entsprechend den örtlichen Möglichkeiten lernen wir *Arbeitsmethoden, Materialien, Werkzeuge und Produkte verschiedener Berufsgruppen* kennen, zum Beispiel: Bäcker, Schuster, Schornsteinfeger oder auch Post, Bahn, Feuerwehr.

Kinder probieren Arbeitsmethoden und Arbeitsmaterialien einiger beliebter Berufe aus.

Unsere Kinder haben im Einzelfall vielleicht Gelegenheit, direkt in der Arbeits- und Berufsumgebung zu hantieren, sonst finden sie Geräte und Materialien im Kindergarten vor. Möglicherweise erlaubt uns ein Bäcker, daß wir beim Brötchen- oder Brezelnbacken helfen dürfen. Auf der Post bleiben wir nicht beim Spaß des Briefestempelns stehen, sondern üben zu telefonieren. Unsere Kinder sollten auf jeden Fall imstande sein, die Nummer der eigenen Familie und des Notrufs zu wählen.

Die sich hier anbietenden Themen können sicher nicht auf einmal ausgeschöpft werden. Wir lassen es bei einer Auswahl bewenden und greifen zu einer späteren passenden Gelegenheit die Fülle der Fragen wieder auf.

Raumerfassung und Sinnesschulung

Kinder kennen das Gegensatzpaar „kurz" und „lang".

Unsere Straße von zuhause zum Kindergarten kann *lang oder kurz* sein. Auch der Weg zur Post, zum Bäcker oder Schuster kann lang oder kurz sein. Diese Aussage ist selbstverständlich nicht nur auf den Raum zu beziehen; denn das Empfinden, ob ein Weg kurz oder lang ist, hängt von der Zeit ab, die man braucht, um diesen Weg zu gehen. Die Aussage über die Längenausdehnung eines Weges oder eines Gegenstandes greift aber auch in die Bestimmung seiner Größe hinein. Wir können feststellen, etwas sei lang oder kurz, und parallel dazu: es sei groß oder klein.

Kinder können Längen schätzen.

Wir ordnen und schätzen Wege, Gegenstände, uns selbst und was wir auch immer in unserer Umgebung finden danach ein, ob wir es für lang oder kurz halten.

Kinder erfassen das Prinzip einer Messung (hier Längenmessung).

Mehrere Aussagen können wir miteinander vergleichen. Sobald wir einen Vergleichsgegenstand konstant halten, können wir ihn als eine Art Meßeinheit benutzen. Wobei es gleich ist, ob wir dazu den Besenstiel, ein Stück Schnur oder unsere eigenen Hände nehmen. Um zum Beispiel die Breite eines Tisches zu *messen* und sie mit seiner Länge zu vergleichen, legen wir einmal etwa vier Hände hintereinander und danach doppelt so viele. Mit Hilfe einer solchen Aneinanderreihung nach dem Prinzip des Meßlattenschemas und der eins-zu-eins-Zuordnung, die die Kinder inzwischen beherrschen, kommt man zur Bestimmung der *Mächtigkeit der Mengen*.

Mathematische Grunderfahrung

Kinder machen erste Erfahrungen mit dem Vergleich nicht-gleicher Mengen = Mächtigkeitsvergleich.

Die Verschiedenartigkeit von Objekten, auch Mengen zum Beispiel, kann man durch verschiedene Symbole kennzeichnen.

Unser Ausgangspunkt war der lange oder der kurze Schulweg. Über die Länge einer Straße kann uns die Anzahl der Häuser Aufschluß geben. Wir nennen die lange Straße mit den vielen Häusern „L" und die kurze Straße „K" und öffnen das Tor zum späteren Verständnis für die Anwendung einer Ziffer.

Bildnerisches Gestalten

Kinder erfahren, daß die Kombination vieler Aussagen zur Darstellung des Ganzen werden kann.

Wir halten die verschiedenartigen Gesichter der Straße in Bildern und Fotomontagen fest. Da jedes Kind einen anderen Eindruck gestaltet, bringt die reliefartige Zusammenstellung einen in seiner Vielfalt beeindruckenden Überblick.

Die Menschen unserer Straße kommen leichtfüßig auf Pfeifenputzerbeinen daher, und die ihnen eigenen Erkennungszeichen schneiden oder falten wir aus Papier.

Einem Kaminkehrer in schwarzer Berufskleidung auf der Straße zu begegnen, ist sicher eine Rarität. Sie findet gebührende Beachtung.

Der Müllwagen ist dagegen keine Seltenheit. Doch so ganz aus der Nähe haben wir ihn noch nie zu betrachten gewagt.

Straßen haben die verschiedensten Gesichter. Unsere Kinder stellen jeweils ihre eigene Straße dar. Und das reicht dann von einem geradezu phantastischen Durcheinander der Menschen, ihrer Aktivitäten, ihrer Häuser und Geschäfte bis zu einer klaren, übersichtlichen, fast beschaulichen Häuserzeile.

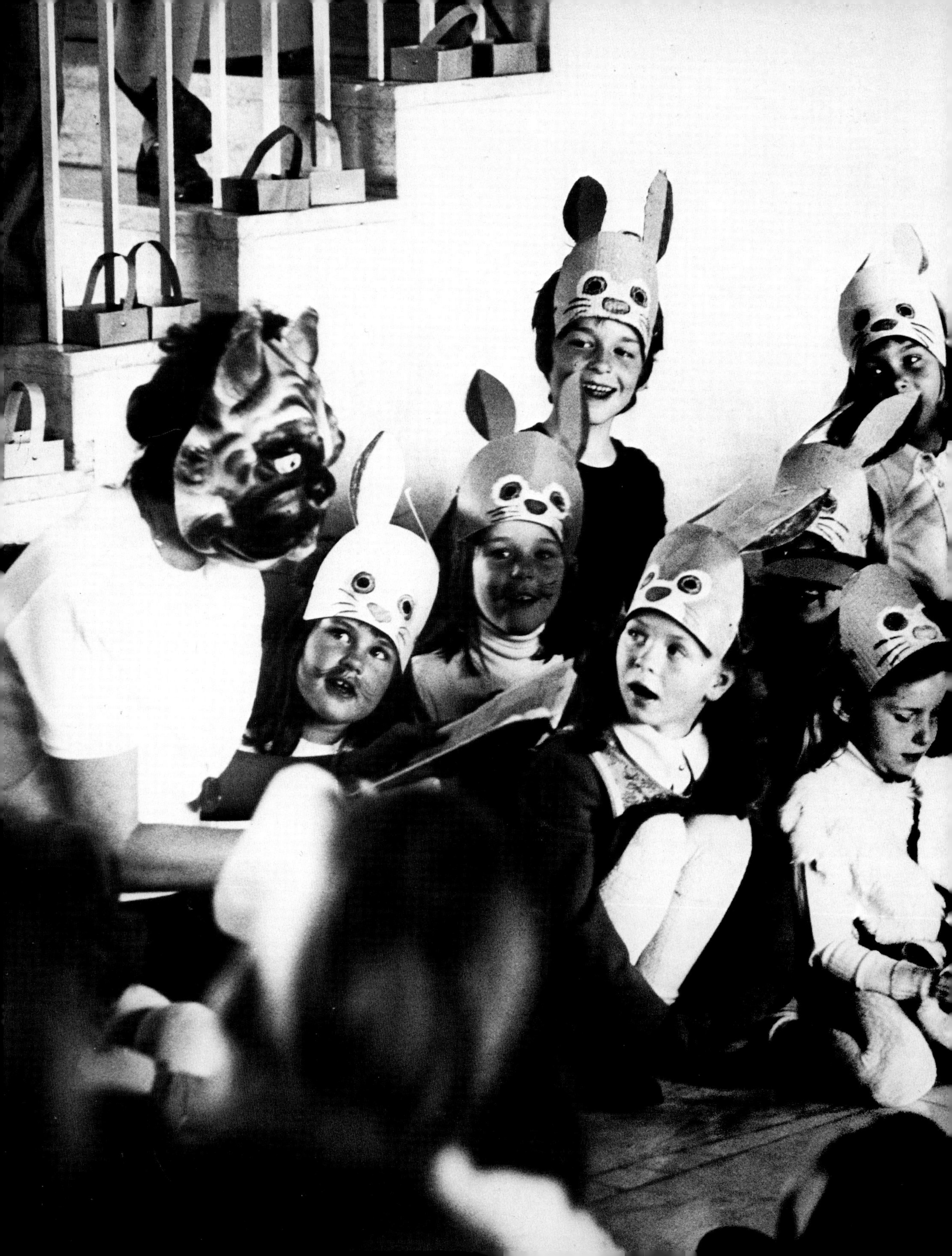

Frühling und Ostern

Wenn eines Morgens der Franzi in die Kindergruppe kommt und uns ein winziges Schneeglöckchen auf einem viel zu kurzen Stengel mit glücklicher Entdeckermiene entgegenhält, dann wird es mit Sicherheit Frühling.

Frühling und Ostern

Sprachbezug

Wortschatzerweiterung durch Gespräche zum Thema.

Kinder formulieren ihre Erfahrungen und Vorstellungen zur Charakterisierung der Jahreszeiten.

Wir formen einfache Sätze (Subjekt, Prädikat, Objekt) in der Mehrzahl.

Literaturkontakte

Sozialbezug

Kinder werden sensibilisiert, ihre eigenen Fähigkeiten einzuschätzen und zu bejahen.

Kinder werden sensibilisiert, die Fähigkeiten anderer einzuschätzen und zu achten.

Natur- und Sachbegegnung

Kinder können Vorgänge in der Natur wahrnehmen und Konsequenzen für sich daraus ziehen.

Kinder kennen die Entwicklung des Lebens aus dem Ei.

Wir freuen uns in dieser Jahreszeit über jedes grüne Hälmchen, das aus der kahlen, zum Teil noch mit schmutzig gewordenem Schnee bedeckten Erde wächst. Jedes Kind hat im Garten oder am Wegrand schon irgendein grünes Spitzchen gesehen. Wir müssen erraten, was es wohl schließlich werden wird. Die *Frühlingspflanzen* haben vielversprechende Namen, interessante Formen und malerische Farben. Es lohnt sich, darüber Erfahrungen auszutauschen und Informationen in Büchern zu sammeln.

Die steigende und wärmer werdende *Sonne* empfinden alle Kinder als etwas ganz besonderes. Auf keinem Kinderbild fehlt die strahlende Sonne. Dies veranlaßt uns zu Gesprächen über den Weg der Sonne vom Morgen zum Abend und durch das ganze Jahr. Wir spielen mit der Sonne und werfen Schattentiere auf die Hauswand. Wer errät, welches Tier gemeint ist?

Auf Spaziergänge nehmen wir zur Zeit noch einen Pullover mit, und der Regenschirm sollte auch nicht fehlen, denn wir wissen, daß das *Wetter im Frühling* noch recht wechselnd sein kann. Mit dem Frühling kommt bald auch *Ostern* — das Fest der Auferstehung, der freudige Ausdruck neuen Lebens. Was immer Erwachsene mit dem Osterfest verbinden, für Kinder ist dieses Fest eng verknüpft mit Osternestern, Ostereiern, dem Hasen und Spielen im Freien. Die Vielfalt der österlichen Attribute, die man malen, basteln, backen und kochen kann, führt zu Gesprächen über unsere Osterbräuche und vielleicht zu Überlegungen über deren Herkunft. Sicher hilft uns der Pfarrer unserer Gemeinde bei unseren Überlegungen, wenn wir ihn in der Kirche oder im Gemeindehaus besuchen.

Mit dem Frühling kommt eine ganz besonders lebendige Zeit für die *Tiere:* Sie beenden ihren Winterschlaf und gründen schnell eine neue Familie. Sie wachsen und vermehren sich. Die Vögel kehren aus dem Süden zurück. Immer müssen wir gleich in der Mehrzahl sprechen.

Über Sonne, Pflanzen und Tiere lesen wir in unseren Büchern: „Der bunte Ostertisch" (Domino, München), „Wir pflanzen eine Hyazinthe" (Barrere), „Wenn die Sonne scheint" (H. Heyduck), „Die Natur im Jahreslauf beobachtet" (H. Gierke), „Die Henne und das Ei" (Mari), „Das Gänseblümchen" (Andersen Märchen).

Die Frühlingstage im Freien sind voll *bewegter Spiele,* bei denen es auf Konzentration und Geschicklichkeit ankommt. Aber nicht nur das: Einer wird Sieger beim Reifentreiben, ein anderer beim Himmel-und-Hölle-Hüpfen, und ein dritter ist unschlagbar im Zielwerfen der Murmeln. *Das Erlebnis der eigenen Fähigkeiten und der eigenen Grenzen* sowie der sinnvolle Einsatz im gemeinsamen Tun, ist außerordentlich vielschichtig. Da ist zuerst wohl die Frage, wieweit ein Kind seine Aktivitäten überhaupt unter dem Aspekt der Leistungsbewertung beurteilen kann, beurteilen möchte oder auch beurteilen sollte. Daran schließt sich der Problemkomplex an: Wie wird das Kind die Erfahrung der Werteinschätzung seiner Aktivitäten verarbeiten? Wir müssen mit ihm den sicher nicht sehr leichten Weg über die kritische Selbsteinschätzung zum gefestigten Selbstwertgefühl zu finden versuchen.

Im Freien genießen wir die *Wärme, die Helligkeit und auch den Schatten.* Die Wirkungen der Sonne sind unzählig, und sie sind keineswegs immer nur erfreulich. Wir alle kennen die Schädlichkeit zu langer und zu starker Sonnenbestrahlung (Sonnenbrand! Sonnenstich!).

Fast unbemerkt sind die Vögel wiedergekommen. Eines Tages sind sie einfach da und beginnen auch gleich mit dem Nestbau.

Ob nun Vogeleier oder Hühnereier — *das Ei* ist ein Erlebnis für sich. Und es schmeckt gut. Wir bereiten einen Pudding, eine Quarkspeise mit Schaum, ein

Bauernomlett oder ein Eibrot mit Kresse. Über das Ei können wir einen Abstecher in die Entwicklungsbiologie machen. Wie sieht das Ei in seinem Inneren aus, und wie wird daraus ein Huhn?

Kinder kennen die Entwicklung der Pflanze aus dem Keim.	Parallel dazu beobachten wir das Keimen der Pflanzen aus dem Samen. Wir säen und pflanzen zu diesem Zweck Kresse, Gras, Getreide, Bohnen und Erbsen.
Wir machen Erfahrungen mit Licht und Schatten.	Die Überlegungen und Beobachtungen im Zusammenhang mit der Sonne lassen uns erste Einblicke in das Thema von *Licht und Schatten* überhaupt nehmen: Woher bekommen wir Licht? Wir suchen nach Lichtquellen und stellen sie zusammen. Es gibt natürliche und künstliche Lichtquellen. Von jeder Lichtquelle gehen geradlinige Lichtstrahlen aus. Wir sehen geradlinige Strahlen durch die Jalousienritzen oder den Fenstervorhang. Durch manche Gegenstände geht der Strahl einfach hindurch (Glas), andere Gegenstände wiederum sind undurchlässig und damit undurchsichtig. Diese undurchlässigen Gegenstände werfen Schatten. Wir machen Schattenspiele mit unseren Händen, mit uns selbst oder mit Schattenspielfiguren.
Raumerfassung und Sinnesschulung Kinder können hell und dunkel definieren.	Bei unseren Spielen mit Licht und Schatten werden wir öfter entscheiden müssen, ob und wie hell oder dunkel etwas ist. Wann ist es so hell, daß wir geblendet sind, und wann ist es so dunkel, daß wir gar nichts erkennen können? (1000-Watt-Lampe, in der Sonne ohne Brille/Schattenspiele, blinde Kuh, Jakob, wo bist du?) Für jede Identifikation im extremen Hell-Dunkel-Bereich müssen wir alle übrigen Sinne besonders stark anspannen.
Helles und Dunkles ist verbunden mit einer individuellen Erlebnisqualität.	*Für jeden Menschen hat Helles und Dunkles eine spezielle Erlebnisqualität,* die die ganze Skala von Freude bis Angst überstreichen kann. (Spezielle Ausführungen über das Problem der Angst sind in der entsprechenden Literatur zu finden.) Wir sollten versuchen, wenigstens die Angst vor der Dunkelheit ein wenig zu lösen. Spannungen können über das bildnerische Gestalten verarbeitet werden. Es ist auch möglich, der einseitig unangenehmen Besetzung alles Dunklen positive Züge, wie etwa die schützende Geborgenheit, abzugewinnen.
Bildnerisches Gestalten Kinder können ihren Gefühlen Ausdruck geben (Angstbilder, Traumbilder, dunkle Gestalten). Oster-Basteleien in verschiedenen Techniken: Fingerfarben.	Beginnen wir mit dem Versuch, das uns Ängstigende in phantastischen Bildern zum Ausdruck zu bringen. Die Kinder malen Traum- und Spukgestalten. Aus leeren Kartons, alten Lumpen und viel Farbe entstehen bizarre Figuren, vor denen es einem schon grausen kann. Damit aller Spuk zerrinnt, zerstören wir gemeinsam diese Werke. Die helle Seite dieser Zeit findet ihren Ausdruck in Bildern von Blumen, Tieren, Wiesen und Vögeln, wobei wir diesmal die Tupftechnik bevorzugen — mit allen zehn Fingern. Wenn wir zarte Muster für die verschiedensten Osterbasteleien erfinden, müssen wir etwas vorsichtiger mit der Farbe umgehen.
Musik und Bewegung Bekannte Kinderlieder	Frühling und Ostern sind in vielen Liedern besungen worden: „Wenn der Schnee zerrinnt..." (Ludi musici, S. 64) „Schöne bunte Blumen binden wir zum Strauß..." (Ludi musici, S. 66) „Alle Vögel sind schon da..." (Wir kleinen Sänger, S. 59) „Has, Has, Osterhas..." (Willkommen, lieber Tag, S. 14) „Mein Roller, mein Roller..." (Wir kleinen Sänger, S. 138)
Kinder machen alte und neue Bewegungsspiele im Freien. Jede Bewegungsform kann aus der Ebene der Grobmotorik in die der Feinmotorik umgesetzt werden.	Kinder solten die Freude an der freien Bewegung einmal voll auskosten. Fangen, Springseil, Kreiseltreiben, Reifentreiben, Kastenhüpfen und Rollerfahren sind Spiele, die sie einen ganzen Winter lang vermissen mußten. Mit dem Roller sind unsere Kinder die reinsten Akrobaten. Ob Zickzacklinien oder Schlangenlinien oder auch rundherum im Kreis — sie können jede Spur nachfahren.

Die Spiele im Freien brauchen nicht
immer Regeln. Sie wachsen aus der
Freude an der eigenen Bewegung.
Wenn man genügend getobt hat, ist ein
Picknick genau das Richtige.

Ob wir mit unseren eigenen Fingern oder mit Figuren Schattenspiele machen, die Spielanordnung ist stets die gleiche. Dabei ist die Türe die einfachste Bühne. Natürlich kann man auch ein vorhandenes Kaspertheater oder zwei Stühle auf einem Tisch dazu benutzen. Jeweils die untere Hälfte der Bühne bleibt verschlossen und möglichst undurchsichtig. Bei der Tür spannen wir eine Wolldecke zwischen den Türrahmen. In der oberen Bühnenhälfte wird ein weißes Laken befestigt und mit einer starken Lampe ausgeleuchtet. Die Spielfiguren werden von zwei Spielern, die ganz dicht am Laken stehen müssen, gehalten. Falls die Spieler noch nicht sprechen mögen, vielleicht hat die Faszination ihnen die Sprache verschlagen, dann kann die Erzieherin vor der Leinwand den Erzähler spielen und — was ganz wichtig ist — den **Kontakt zu den Zuschauern** herstellen.

76

Aus der Vorbereitung zum Thema „Frühling und Ostern"

Situative Grundlage: Sonniges Frühlingswetter, blendende oder wärmende Sonne im Gruppenraum, erste Blumen und sprossende Zweige, Weidenkätzchen, ausgesprochene Osterwünsche.

Blüten und Pflanzen regen Fragen und Gespräche an:
— Mitgebrachte Blüten werden betrachtet, benannt und eventuell auseinandergenommen, zerlegt (Lupe, Mikroskop)
— Bildbetrachtung verschiedener Frühlingsblüher; Lebens- und Entstehungsbedingungen
— Darstellung der Lieblingsblumen:
   gemalt (mit Fingerfarben)
   geklebt (es gibt vorgeformte Blütenformen)
   gefaltet (sehr zart aus Japanpapier)
— Besuch einer Gärtnerei, eines Blumen- und Samengeschäftes
— Mitgebrachte Samen, Pflanzen und Zwiebeln werden betrachtet; Zuordnungsversuche können im eigenen Herbarium festgehalten werden (Schulheft)
— Säen und pflanzen in der Gruppe (Blumenkasten, Blumentöpfe, Schulgarten)
— Lieder und Singspiele von Blumen und Blüten

Vorherrschendes Thema scheint die Sonne zu werden
— Die Sonne blendet, wir schließen die Jalousien und beobachten den Lichteinfall, den Lichtstrahl und die Stäubchen in der Sonne (Fangen der Stäubchen als Geschicklichkeitsspiel)
— Versuche mit dem Licht. Durch manche Stoffe geht es hindurch, durch manche nicht. Daraus ergeben sich unsere Schattenspiele; je nach Gruppenzusammenstellung ausgeführt als
   Spiele mit den Händen
   Spiele mit dem Körper
   Spiele mit hergestellten Figuren
— Themen für Schattenspiele meist Gespenst oder Schreck. Ausspielen lassen
— Schattenspielerlebnis bildnerisch wiederholen. Malen anregen mit dem Hinweis auf Schatten, Träume, Dunkles und Ängstigendes. (Man sollte es auf Wunsch zerstören lassen!)
— Spaziergänge im Sonnenschein; Basteln einer Sonnenuhr
— Spiele im Freien mit Preisen und Pfänderverteilung sowie anschließendem Picknick (Sonnenuhrbeobachtungen nicht vergessen!)
— Konzentrierte Bewegung auf vorgeschriebenen Bahnen (z. B. kleiner werdende Kreise); Grobmotorik; Übertragung vom Fuß auf die Hand und schließlich Schreibschwung

Interesse der Kinder richtet sich auf das bevorstehende Osterfest
— Ostergeschichte vorlesen, anschauen und besprechen
— Spaziergang zur nächsten Kirche; Gespräch mit dem zuständigen Pfarrer
— Geschenke für Ostern nach Wahl herstellen (Einpacken der Geschenke ist selbst auszuführen. Faltung und Schleifenbinden)
— Bekannte Osterbräuche; Geschichten und Lieder dazu
— Der uns geläufigste Brauch, das Eierbemalen und Eiersuchen, wird in den Vordergrund gestellt; entsprechende Basteleien
— Eierverstecken und Eiersuchen im Gruppenraum (Wer hat die meisten Eier entdeckt? Mächtigkeitstabelle anlegen und Mächtigkeitsvergleiche anstellen)
— Geschicklichkeitsspiele mit dem Ei (Wettbewerbscharakter — Gewinner und Verlierer)
— Geschichten um das Osterei und von wem es kommt; Diskussion der Kinder anregen und auslaufen lassen
— Die Henne und das Ei; wie sieht das Ei innen aus? Entwicklungsdarstellung
— Aus den aufgeschlagenen Eiern eine Eierspeise bereiten: Eierquark, Rührei oder Eierkuchen.

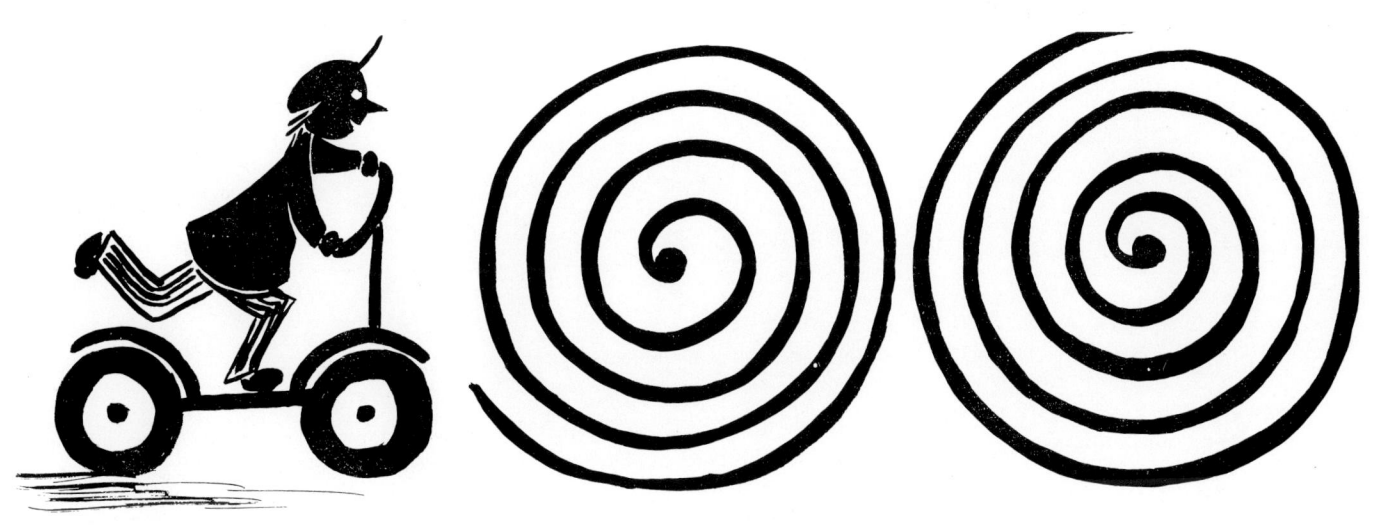

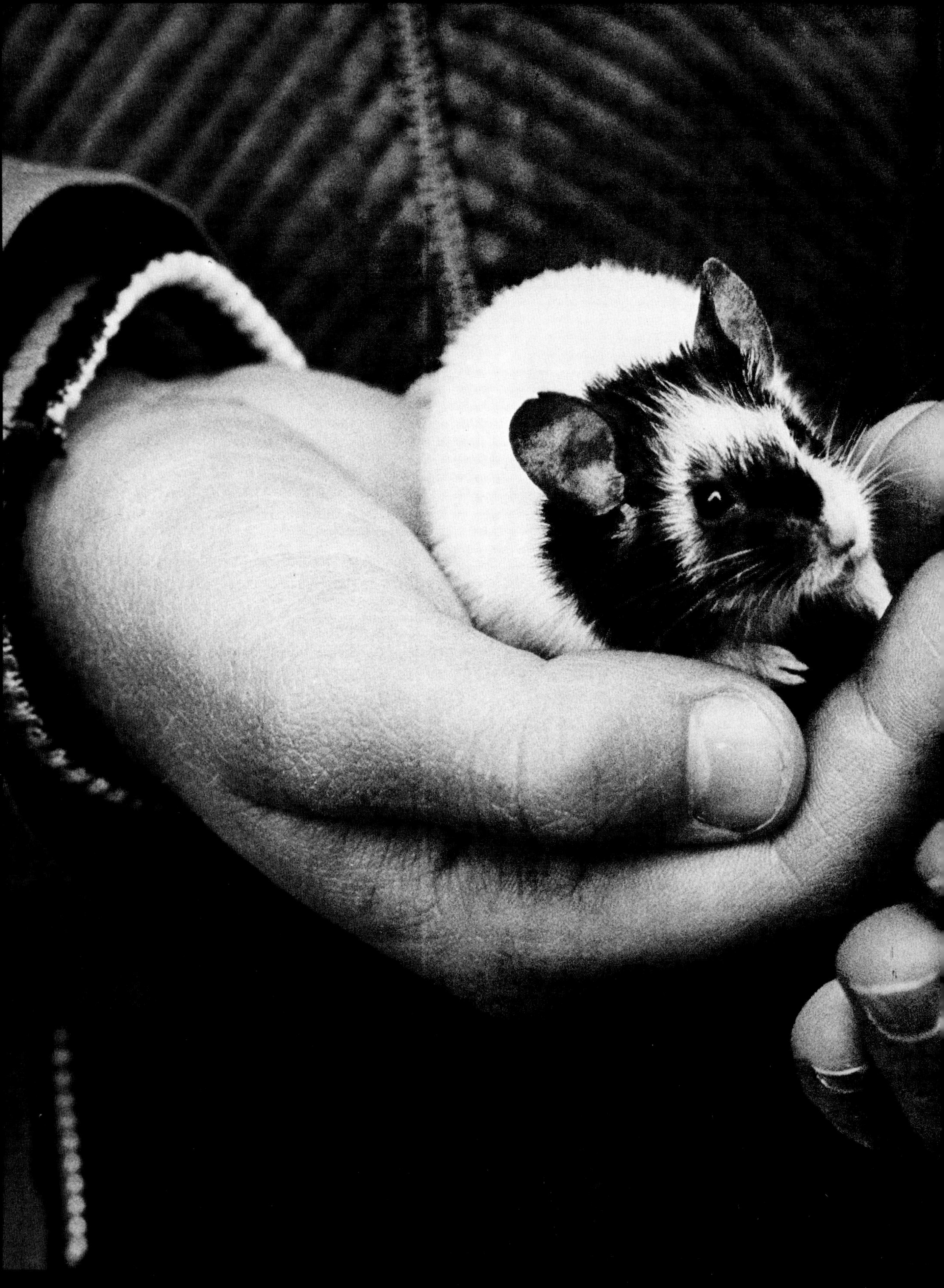

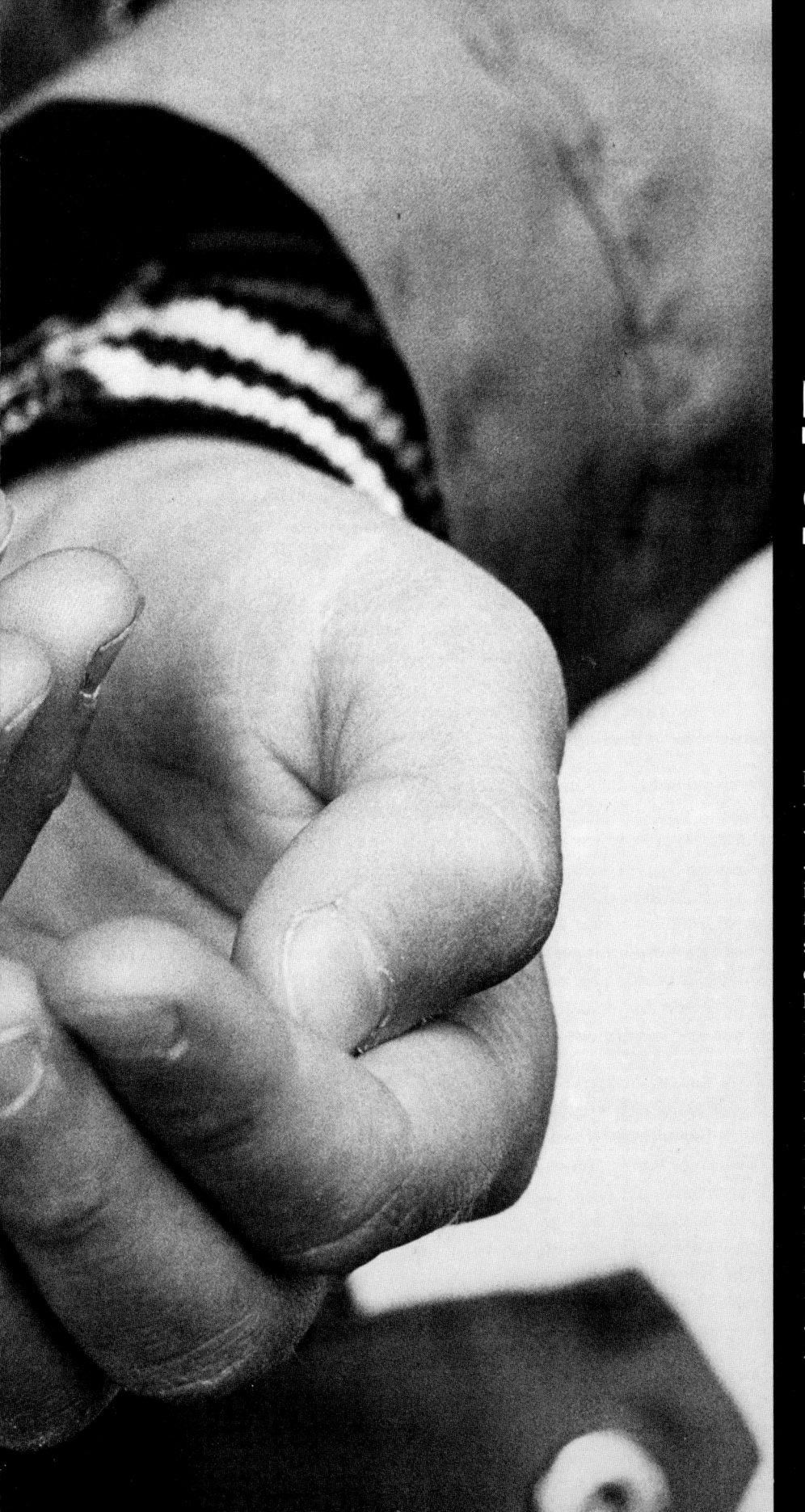

Kleine Tiere - Große Tiere

Dem kleinen Marcus ging der Ruf voraus, daß er mit niemand sprechen würde. Als unser Meerschweinchen Junge bekam, bat er leise und zögernd ihnen einen Namen geben und sie füttern und pflegen zu dürfen. Er versorgte die Tiere aufmerksam, mit Ausdauer und Hingabe. Anfangs ließ er kein Kind an die Meerschweinchen heran, erst allmählich weihte er einen und dann noch einen weiteren Freund in das wichtige Geschehen ein.

Wenige Wochen später hörte ich ihn laut und deutlich bei einem Necklied mit uns allen zusammen singen, als sich ein Maikäfer ins Spielzimmer verirrt hatte. Zu diesem Zeitpunkt kauften ihm seine Eltern eine junge Boxerhündin, die ihn täglich zum Kindergarten begleitete und von der wir bald jede Lebensgewohnheit kannten.

Kleine Tiere — Große Tiere

Sprachbezug

Wortschatzerweiterungen über Gespräche und Dramatisierung.

Kinder können Eigenschaftswörter steigern.

Literaturkontake

Sozialbezug

Kinder bauen ein angemessenes Verhältnis zu Tieren auf

a) angemessene Fürsorge (Verantwortung für Tiere — übertriebene Tierliebe — Tierquälerei),
b) angemessene Zurückhaltung (Angst vor Tieren).

Natur- und Sachbegegnung

Kinder beobachten und vergleichen Tiere miteinander.

Kinder hören von typischen Entwicklungsverläufen im Leben der Tiere.

Nicht alle Kinder haben zu Tieren eine derart unmittelbare Beziehung wie Marcus, aber alle Kinder haben Freude an Tieren und fühlen sich besonders zu kleinen Tieren hingezogen.

Wir machen *Bekanntschaft mit allerlei Tieren,* vielleicht besonders mit solchen, die wir nicht alle Tage erleben: dem Regenwurm, der Schnecke, kleineren und größeren Käfern, Raupen und Schmetterlingen, Kaulquappen oder Ameisen. Natürlich dürfen die Kinder den eigenen kleinen Hund oder die Katze einmal in den Kindergarten mitbringen, und der stolze Besitzer erzählt, welche speziellen Streiche man zusammen erlebt hat.

Sicher gibt es so manche Erlebnisse mit den Tieren im Zoo. Alle persönlichen Eindrücke können wir um so besser schildern, je deutlicher wir zum Beispiel die Größe eines Elefanten gegen die Winzigkeit der Mundharmonika, auf der er spielen kann, abheben. Wir müssen also die Steigerungsformen der Eigenschaftswörter benutzen können, wenn wir zum Ausdruck bringen wollen, wer am kleinsten oder größten, wer am buntesten, am schnellsten oder am lautesten war.

Nach ausgiebigen Gesprächen wird es Zeit, in die Rolle und Maske eines Tieres zu schlüpfen. Das grunzt und quietscht, das blökt und bellt, maunzt und zirpt in allen Variationen. Neben der Freude an der Darstellung und der Gelegenheit, die Stimme zu üben, bietet das Tierrollenspiel die Möglichkeit, Aggressionen abzubauen, was unsere Kinder spürbar ausnutzen.

Es gibt wunderschöne, neue Tiergeschichtenbücher für Kinder, über denen wir aber nicht die klassischen Tierfabeln vergessen sollten: „Raupe Nimmersatt" (E. Carle), „Fisch ist Fisch" (L. Lionni), „Swimmy" (L. Lionni), „Die Tiere in der Regenpfütze" (J. Krüss), „Heute wandern wir zum Zoo" (L. Fromm), „Die Bärenreihe" (Heering-München), „Leben einer Königin" (Colette).

Die Beziehung, die Kinder *zu Tieren* aufbauen, ist in besonderer Weise auf dem Hintergrund zwischenmenschlicher Beziehungen und Wechselwirkungen zu verstehen. So müssen wir uns z. B. überlegen, ob ein Kind sich vielleicht an einem hilflosen Tier für irgendwelche Qualen rächt, die ihm von Gleichaltrigen zugefügt werden. Auch die übertriebene Tierliebe kann aus einem Mißverhältnis im zwischenmenschlichen Bezug entstanden sein. Wir wollen versuchen, ein vernünftiges Verhältnis zum Tier herzustellen. Abneigung und Zuneigung, Liebe und Furcht sind in ein ausgewogenes Maß zu bringen. Besuche in Tierschutzheimen und Asylen, auf Bauernhöfen und Reiterhöfen, schließlich auch ein Gang in den Zoo werden uns dabei helfen.

Tiere sind sehr verschieden. Es gibt z. B. Tiere mit zwei, vier, sechs oder gar keinen Beinen (Fortbewegung von Schnecken und Regenwürmern auf einer Glasplatte beobachten). Oder wir kennen Tiere mit glatter Haut, mit Federn oder Fell (Federn genauer ansehen); es gibt Pflanzenfresser und solche, die beinahe nur Fleisch fressen. Einige Tiere laufen, andere schwimmen, viele können fliegen (Flügel zerlegen), manche legen Eier, und wieder andere bringen lebende Junge zur Welt. Die Kinder werden viele dieser typischen Unterscheidungsmerkmale sicher schon gesehen haben. Darüber hinaus bietet der Kleintierzoo, den wir inzwischen in unserem Gruppenraum einquartiert haben, einiges Beobachtungsmaterial.

Schwieriger dürfte es sein, die *Entwicklungsgeschichte einiger Tiere* unmittelbar zu verfolgen. Hier helfen schematisierende Trickfilme, die zeigen, wie aus der Kaulquappe ein Frosch, aus der Raupe ein Schmetterling und aus dem Engerling ein Maikäfer wird. Vielleicht gelingt es, im Terrarium die Entwicklung von Kaulquappen zu Fröschen zu beobachten.

Kinder beobachten und vergleichen, was Menschen und Tiere unterscheidet.

Raumerfassung und Sinnesschulung

Kinder können ihre Sinne konzentriert einsetzen.

Kinder differenzieren innerhalb gegensätzlicher Bestimmungen: klein, kleiner, am kleinsten, groß, größer, am größten.

Mathematisches Grundverständnis

Kinder können nach verschiedenen Gesichtspunkten Reihen aufbauen.

Kinder können Reihen mit periodischen Wiederholungen bilden.

Wir üben Mengenbildung nach inhaltlichen Vorgaben = Oberbegriffen.

Musik und Bewegung

Kinder ahmen die Bewegung der Tiere nach.

Kinder ahmen die Laute der Tiere nach.

Bildnerisches Gestalten

Malen, Kneten, Biegen, Falten

Es gibt vieles, was Tiere weitaus besser können als Menschen. Um fliegen und tauchen zu können, haben Menschen sich z. B. Geräte und Maschinen gebaut. Aber eines haben wir allen Tieren voraus, das ist unsere Fähigkeit zu denken und wohlüberlegt zu handeln.

Wir stellen fest, daß wir keineswegs so scharf ausgeprägte einzelne Sinne haben wie manche Tiere, und wir probieren unsere Möglichkeiten aus: Wir helfen z. B. dem Hund beim Wachen, ertasten den Unterschied von Fell und Federn usw.

Wir hatten uns überlegt, daß der Elefant erst so richtig groß wirkt, wenn man ihn auf der kleinen Mundharmonika spielen sieht. Vielleicht finden wir aber, daß die Giraffe mit ihrem langen Hals noch größer als der Elefant ist. Solche Differenzierungen sind auch zu finden bei der Frage, wer am lautesten schreit, wer am höchsten fliegt und am tiefsten gräbt.

In diesem Zusammenhang können wir unsere Holztiere oder auch die Tier-Lotto-Karten in eine *Rangordnung* bringen, *vom Kleinsten bis zum Größten, vom Dünnsten bis zum Dicksten* oder was uns immer einfallen mag. Unter den verschiedensten Gesichtspunkten sind also *Reihungen* möglich, die als solche in der Grundlagenmathematik eine Rolle spielen und auf dieser Stufe geübt werden können.

Aus der einfachen Reihung nach dem einen oder anderen Aspekt entwickelt sich die *periodische Reihung*. Erste Perioden stellen die Kinder selbst und mit sich selbst her: Etwa abwechselnd ein Mädchen und ein Junge oder ein sitzendes und ein stehendes Kind usw. Aus logischen Blöcken sind verschiedene Perioden-Reihungen zu bauen, und die bunte Kette ist ein beliebtes Spielzeug in diesem Zusammenhang.

Allerdings ist die Ordnung unserer Tiere vom größten zum kleinsten z. B. sicher nicht die einzig mögliche Gliederung. Wir greifen hier wieder einmal die Bildung von Mengen nach inhaltlichen Gesichtspunkten auf und gruppieren unsere Tiere nach der Frage, welche in der Luft, welche im Wasser und welche auf dem Land leben.

Wenn die Kinder Lieder über ihre Lieblingstiere singen, dann greifen wir die *Bewegungen* und *die Laute dieser Tiere* auf. Wenn wir die Bewegungen betrachten, so ist vom schwingenden Rüssel des Elefanten über die Sprünge des Hasen, das Schlängeln der Regenwürmer und den Tanz der Schmetterlinge die ganze Palette von Bewegungsabläufen in der Grob- und Feinmotorik sichtbar. Wir können die Bewegungen der Tiere turnen, schwingen und sogar schreiben. Eine neue Form wäre hier das Schneckenhaus, bestehend aus größer werdenden, oder wenn man außen anfängt: kleiner werdenden Kreisen.

Interessant sind auch die Laute der Tiere. Wir hören sie in der Natur, seltene Rufe sind vielleicht von einer Schallplatte abzuhören. Wir versuchen, sie nachzuahmen und zu erraten. Gehäuft kommen hier Umlaute und Doppellaute vor — ä, ö, au (Ziege, Schaf, Schwein, Hund, Katze).

Für die *bildnerische Gestaltung von Tieren* gibt es vielfältige Möglichkeiten:

Wir malen: Unser Zoobesuch, mein Lieblingstier, ein Phantasietier, das ich gern mag, und ein Phantasietier, das ich nicht gern mag.
Wir formen: aus Ton, Plastelin oder Fimo, einfarbig oder mehrfarbig.
Wir biegen: die Umrisse der verschiedensten Tiere aus Blumendraht oder auch Drahtkordel.
Wir falten: Schnecken, Fische, Schweine, Vögel, Schmetterlinge, Pferde, Hunde usw. Dabei werden alle Faltformen benutzt, die den Kindern geläufig sind (Diagonalfaltung, Parallelfaltung und Hexentreppenfaltung).

Die Begegnung mit Tieren wird auf vielfältige Weise verarbeitet. An erster Stelle steht das gemalte Lieblingstier.

Unsere großen Bilder bedürfen einer besonderen Technik oder umgekehrt: Unsere besondere Technik ermöglicht große Bilder. Wir malen an den Wänden!

Oben an jeder Wand, dicht unter der Zimmerdecke sind Haken angebracht. Sie sind so groß und so weit voneinander entfernt, daß ein Besenstiel darin liegen kann. Auf den Besenstiel schieben wir eine alte Tapetenrolle, Restrollen aus Druckereien oder selbstgefertigte Papierrollen. Jedes Kind hat seine eigene Rolle. Nach Lust, Laune oder Bedarf zieht es die Rolle wie ein Rollo herunter. Die Kinder stehen aufrecht und malen, soweit ihr Arm reicht. Wir benutzen breite Borstenpinsel und einen dicken Tapetenkleister. Der Pinsel soll viel Farbe fassen, und die Farbe soll nicht auf dem Weg vom Topf zum Papier verlorengehen.

Das fertige Bild kann abgeschnitten werden, und die Rolle ist fertig für neue Taten.

83

Phantastische Tiergestalten kann man in ungeformte Steine hineinsehen. Aus Steinen lassen sich — mit anderen Materialien (Feder, Pelz, Papier usw.) kombiniert — die verschiedensten Tiere gestalten.

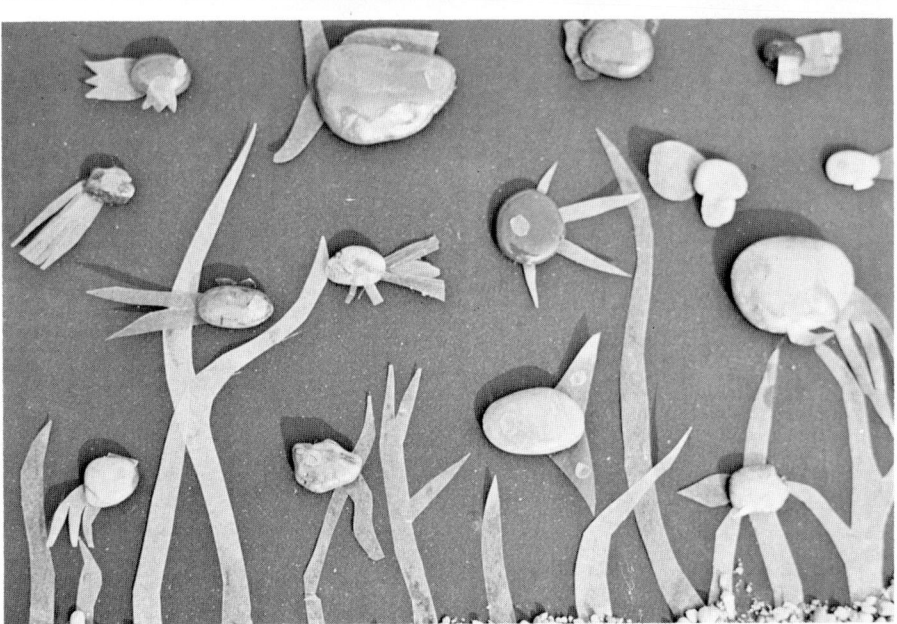

Eine gewisse Beschränkung erfährt die Kreativität durch die Regeln der Falttechnik. Unter den Schmetterlingen links zum Beispiel könnte man kaum den für ein bestimmtes Kind typischen Schmetterling herausfinden. Aber schon durch eine freie Wahl des Papiers oder ein offenes Angebot der Bemalung entsteht wieder der ganz persönliche Ausdruck (oben).

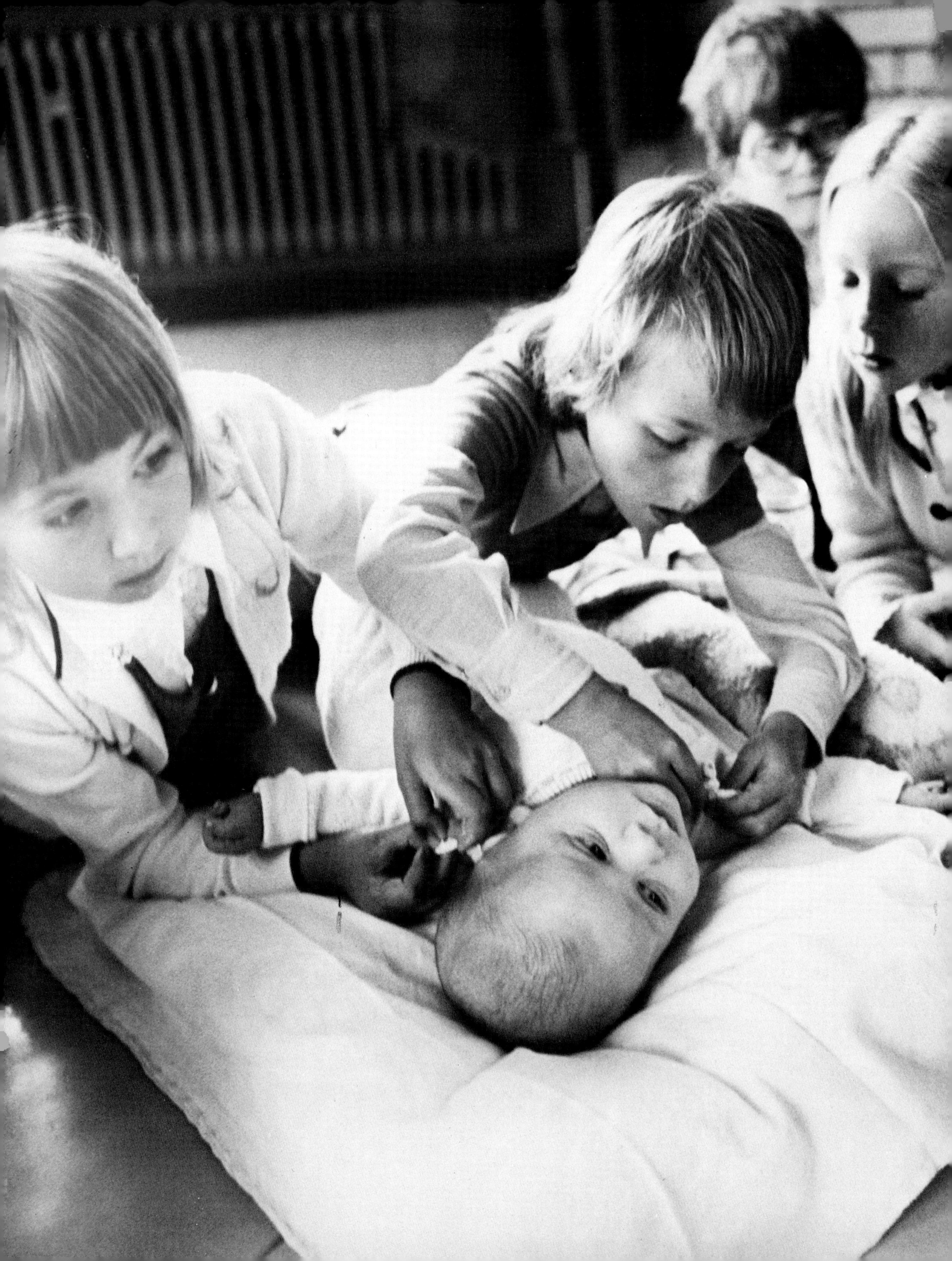

Meine Familie und ich

„Wir haben ein Baby bekommen", sagt das Kind mit verhaltenem Stolz und bleibt abwartend in der Tür stehen. Was werden die Freunde dazu sagen? Die Freunde haben sich schnell wieder gefaßt, sie fragen, rufen und schreien durcheinander. Da beginnt das Kind, die Geschichte seiner kleinen Schwester zu erzählen. Und plötzlich berichten alle Kinder von ihren Erlebnissen, als in ihrer Familie, bei Nachbarn oder Freunden ein Baby angekommen war.

Meine Familie und ich

Wenn Kinder zu uns in den Kindergarten kommen, haben sie bereits in der Familie, der Instanz der primären Sozialisation, Erfahrungen gemacht, die sich in bestimmten Reaktionsweisen widerspiegeln. Nicht in jedem Fall erlebt das Kind seine Rolle in der Familie positiv. Daher erscheint es pädagogisch sinnvoll, durch ein Aufgreifen der „Familienthematik" den Kindern zu helfen, sich selbst und die Menschen ihrer unmittelbaren Umgebung auf neue Weise zu sehen und dabei vielleicht auch differenziertere Möglichkeiten zur Bewältigung ihrer Lebenssituation zu entwickeln.

Sprachbezug

Informationserweiterung durch Berichte und Spiele zum Thema Familie, über die einzelnen Familienmitglieder, ihre Tätigkeiten und Interaktionen.

Was ist eigentlich eine Familie? fragen wir uns. Sind der Vater und die Mutter allein schon eine Familie? Und jeder von ihnen hat doch wieder eine Familie. Die Kinder überlegen, wer zu ihrer Familie gehört, und alle werden in einem Bild festgehalten. Jeder ist uns wichtig. Vom Baby über den Bruder oder die Schwester und die Eltern bis zu den Großeltern, auch Tanten und Onkel.

Wir hoffen, daß eines Tages das Baby in die Kindergruppe mitgebracht wird, damit wir erleben können, wie ein Baby versorgt wird.

Kinder verstehen Tätigkeitswörter aus dem Haus- und Familienbereich und können ihre Bedeutung in Aktionen umsetzen.

Füttern, windeln, schaukeln und Lieder singen, das tut die Mutter mit ihrem Kind. Aber noch viel mehr hat sie für die größeren Kinder und die ganze Familie zu tun. Wir überlegen gemeinsam, welche *Arbeiten in unserer Familie* anfallen, und weil der Muttertag von der Türe steht, denken wir darüber nach, ob wir bei diesen Arbeiten nicht öfter einmal helfen sollten — oder ob eine „Kleinigkeit zum Muttertag" unseren Dank richtig zum Ausdruck bringt.

Was unsere Großeltern und andere ältere Menschen tun, werden sie uns selbst berichten. Daher laden wir ältere Bekannte zu uns ein. Und dann vergleichen wir ihre Erfahrungen mit denen unserer Mütter und Väter. Wie ist das etwa mit der Waschmaschine? Großmutter hat anders gewaschen. Sie hat auch anders geputzt und Babys gewindelt.

Literaturkontakte

Wir lesen von ähnlichen Gegenüberstellungen: „Eine Woche mit dem Großvater" (H. v. Kube), „Große Leute — kleine Leute" (J. Bienath, Ch. Christoph-Lemke), „Kinder unter sich", „Kinder und Erwachsene" (Bilderbücher zum Spielen und Lernen), „Wo die wilden Kerle wohnen" (M. Sendak).

Sozialbezug

Kinder werden sensibilisiert für die Wahrnehmung anderer Personen sowie deren Bedürfnisse und Erwartungen (hier: in ihrem Familienkreis).

Wir haben verscht, die Familienmitglieder, die jungen und die alten, genauer kennenzulernen, und stellen nun selbst im *Rollenspiel charakteristische Tätigkeiten und Verhaltensweisen* dar. Spiele mit und ohne Verkleidung, Figurenspiele mit Puppen oder Schattenfiguren, Stimmenspiel mit Telefon und Tonband — immer wieder hat die Erfahrung gezeigt, daß Rollenspiele wesentlich dazu beitragen, soziale Beziehungen in ihrer Vielfalt kennenzulernen, zu verstehen und selbst Handlungsmöglichkeiten innerhalb sozialer Beziehungen zu entdecken. Da gibt es die verschiedensten Spielmöglichkeiten: Wer darf heute fernsehen? Die Erwachsenen oder die Kinder? Wer soll heute beim Abwasch helfen? Der Bruder oder die Schwester? Wie verhalten sich alle Familienmitglieder am Morgen? Beim Aufstehen? Am Mittagstisch? Beim Zubettgehen?

Kinder erleben in ihrem Familienkreis ihre eigenen Bedürfnisse und suchen Wege, sie in befriedigender und sinnvoller Weise mit den an sie gestellten Erwartungen abzustimmen.

Manchmal vertauschen wir die Rollen oder gleichen sie einander an, so daß z. B. der Vater sich so verhält wie zuvor die Mutter oder beide in gleicher Weise reden und handeln. Die meisten Kinder erleben solche Vertauschungsspiele als eine „verkehrte Welt". Für sie sind die einzelnen Rollen festgelegt, von der Funktion bis zur Wertigkeit. Gerade hier setzt die pädagogische Arbeit ein.

Unsere Kinder sollen erkennen, daß ihre *Umwelt durch Menschen gestaltet* ist und daher auch verändert werden kann, bis die Bedürfnisse, Bestrebungen und Erwartungen der Partner in einer für jeden sinnvollen Weise aufeinander abgestimmt sind.

Kinder sind in der Lage, auf andere Menschen einzugehen und mit ihnen zu fühlen.	Um sich, gemessen an den jeweiligen Umständen, selbstbestimmend (autonom) verhalten zu können, muß man selbst wissen, was man möchte oder nicht, und muß dies mitteilen können. Daß wir dabei manchmal mißverstanden werden, kann ebenso an unserer ungenügenden Ausdrucksfähigkeit — in Worten, Mienen und Gesten — liegen, wie an der mangelnden Sensibilität unseres Gegenübers. Wir üben beides, die Mitteilung eigener Bedürfnisse, Wünsche und Absichten sowie deren Wiedererkennen, im „Spiegelspiel". Dabei stellen die Kinder Tätigkeiten, Gefühle (Ärger, Kummer, Freude) oder Bedürfnisse (Hunger, Durst, Müdigkeit) dar. Die Partner erkennen das Dargestellte und spiegeln es, d. h. sie ahmen es nach und versetzen sich in die Lage des Darstellers. (Wenn der „Spiegel" von einem Erwachsenen gespielt wird, der überdies die Bedeutung des Dargestellten spiegeln kann, befinden wir uns auf dem Boden der nondirectiven Spieltherapie.)
Natur- und Sachbegegnung	
Kinder und Eltern beschäftigen sich mit den Themen Geburt, Herkunft und Geschlechtsunterschiede.	*Zuneigung, Nähe und Verständnis* drücken die Kinder durch zärtliche Gesten aus. Damit treten wir in den Bereich der *Sexualerziehung* ein, denn unsere Information über Zeugung und Geburt — die sich automatisch und notwendig an den Besuch des Babys anschließt — kann nicht im Biologischen stecken bleiben. Bei unserem Bemühen, die Kinder von falschen Vorstellungen und den damit verbundenen Ängsten im Bereich der Sexualität zu befreien, sollten wir bedenken, daß gerade die Sexualerziehung als ein Privileg der Eltern zu sehen wäre. Elternarbeit ist dringend nötig, wenn man dieses Thema aufgreift und mit den Kindern bespricht. Man kann z. B. die Gespräche der Kinder auf Band aufnehmen oder protokollieren und anhand dieses Materials die entstehenden Fragen mit den Eltern konkret besprechen.
	Wir machen uns Gedanken über den Unterschied zwischen Jungen und Mädchen. Der biologische Aspekt allein bringt kaum eine ausreichende Erklärung dafür, daß Mädchen z. B. keineswegs tun dürfen, was Jungen gemeinhin sollen, daß Kleidung sehr unterschiedlich sein kann, daß es ganze Berufsgruppen zu geben scheint, zu denen Mädchen selten Zugang haben und umgekehrt. Es ist notwendig, die sachlichen Aspekte (Arbeitsteilung, Differenzierung, Pluralität) der *Geschlechtsrollen* aufzudecken und deren Verwirklichung als gemeinsame Aufgabe von Jungen und Mädchen, Männern und Frauen deutlich zu machen.
	Unsere Gruppe pflegt und betreut gemeinsam das Besuchsbaby oder dessen Puppenersatz. Die Arbeiten unseres kleinen Gruppenhaushalts übernehmen wir gemeinsam.
Kinder erproben häusliche Tätigkeiten und können sie ausüben, um sich selbst und anderen zu helfen.	Da haben wir einen „Wäschetag": Wir richten ein Seifenwasser und weichen, reiben, spülen und wringen die Puppenwäsche oder unsere kleinen Handtücher. Wir hängen sie zum Trocknen und bügeln sie schließlich. Fast alle Arbeitsgänge könnten wir den *Haushaltsmaschinen* überlassen, und ebenso helfen Maschinen an unserem „Putztag". Ob sich die Reinigungsfrauen am Nachmittag wundern, wenn der Gruppenraum sauber und gebohnert ist?
	Wir beobachten die Waschmaschine, wie sie mit der Hin- und Herbewegung ihrer Trommel das Drücken und Reiben der Hände ersetzt. Der Wäschetrockner pustet wie der Wind und wärmt wie die Sonne, wenn die Wäsche auf der Leine hängt. Der Staubsauger könnte auch trocknen, denn an seiner Rückseite pustet er die Luft kräftig hinaus, die er vorne angesaugt hat. Die Dinge, die er aufgesaugt hat, finden wir in seinem Innenbeutel wieder. Voller Spannung wird der Innenbeutel entleert. Am deutlichsten sehen wir an der Bohnermaschine, wie die rotierenden Filzscheiben die Bewegung unserer Hände ersetzen.
	Diese Maschinen sind für unsere Kinder fast schon eine Selbstverständlichkeit, und dabei wurden sie erst in den letzten Jahren erfunden und entwickelt. Wenn die Großeltern oder die Eltern von der Veränderung unserer Lebensweise berichten, dann ist das ebenso spannend wie ein Märchen, und dazu ist es wahr.

Raumerfassung und Sinnesschulung

Kinder erfahren, daß der Mensch — ebenso wie die Umwelt des Menschen — sich im Laufe der Zeit ändert.

Kinder setzen sich mit der Bestimmung „jung — alt" auseinander.

Kinder können zeitliche Abläufe erfassen.

Mathematisches Grundverständnis

Kinder können Reihungen nach verschiedenen Aspekten vornehmen (bis zu 10 Objekte).

Kinder können zwei Serien einander zuordnen.

Bildnerisches Gestalten

Kinder sehen sich selbst und andere Menschen und setzen diese Wahrnehmung in ein Bild um.

Kinder sehen auch die Veränderung in ihrer Umwelt und stellen sie in Bildern dar.

Kinder gestalten menschliche Figuren plastisch.

Wir basteln Geschenke für einzelne Familienmitglieder, z. B. zum Muttertag.

Die *Veränderung in der Zeit* wird den Kindern besonders deutlich, wenn sie ihre eigenen Babyfotos oder ihre eigene Babykleidung ansehen. Wir legen einen Geburtstagskalender an, auf dem statt der Namen eine Babyfotografie des Geburtstagskindes an seinem Geburtstagsdatum uns alle an diesen Tag erinnert. Eltern und Großeltern, der Bruder und die Schwester waren auch einmal Babys und mußten von Erwachsenen versorgt werden. Manch eine vorher so selbstverständliche Autoritätsstellung wird bei dieser Vorstellung relativiert.

Während wir über unseren Werdegang vom Baby bis heute vieles wissen, erlebt und erfahren haben, ist uns das *Älter- und Altwerden* kaum bekannt, ja oft unverständlich. Es ist nicht mehr die Regel, daß die Großeltern im Haus wohnen. Man trifft sie nur bei gelegentlichen Besuchen, und begegnet man sich auf der Straße, dann weiß man wenig miteinander anzufangen. Wir laden eine alte Dame und einen alten Herrn zu uns ein und bitten sie, von ihrem täglichen Leben zu berichten. (Spezielle Ausarbeitung der didaktischen Einheit „Kinder und alte Leute" bietet die Arbeitsgruppe Vorschulerziehung, Anregungen I. Juventa 1974).

Die Veränderungen, die durch das Altern bedingt sind, lassen sich vielfältig zeigen. Sei dies nun in der dinglichen Umgebung am Beispiel eines alten Hauses etwa oder an den Pflanzen in unserem Gruppenraum. Wir beobachten sie jeden Tag und malen ihre Veränderungen in einen Lebenskalender für diese Blume ein. Solche „Kalender" sind auch die Jahresringe der Bäume. Diese Ringe an der Schnittfläche eines abgesägten Baumes verraten nicht nur sein Alter, sondern weisen auch hin auf gute und schlechte Zeiten. Breite Ringe bedeuten viel Sonne und Regen.

Wenn wir Tag für Tag ein Bild von unserer Blume malen, entsteht ein Leporello, eine *Bilderreihe* — beginnend mit dem ältesten Bild und endend mit dem jüngsten. Eine solche Bilderreihe können wir auch von uns selbst gestalten. Wenn wir eine Puppengeschichte erfinden, können wir so viele Bilder aneinanderreihen, wie wir wollen. Viele Reihungen sind möglich: Vom Größten zum Kleinsten in der Familie, vom Ältesten zum Jüngsten in der Geschwisterreihe usw. Ob wir dazu nun Zeichnungen anfertigen, Puppen basteln oder die Serie der Russenpuppen nehmen, bis hin zu Längenblöcken oder Montessoristangen, ist uns überlassen. Die jeweils gebildeten Reihen können wir miteinander vergleichen und überlegen, ob sie gleich, nicht gleich, größer oder kleiner sind.

Die Themen unserer Liedersammlung reichen vom Baby, das wir sehen durften, über einen Geburtstag in der Gruppe und Mutters speziellen Festtag bis hin zur Großmutter.

Zur bildnerischen Darstellung unserer Thematik haben wir bereits Hinweise gegeben.

Wir malen: Unsere Familie, uns selbst — vielleicht, wie wir glauben, daß wir als Baby ausgesehen haben —, verschiedene Familienmitglieder und die Blume in unserem Gruppenraum — und wie sie sich verändert.

Die Kinder formen Puppen und Familienspielfiguren aus verschiedensten Materialien — Ton, Knete, Pappe usw. Die Kinder schneiden Schattenspielfiguren aus Pappe oder leichtem Karton. Als Gemeinschaftsarbeit falten und kleben sie ein großes Puppenhaus, die einzelnen Zimmer aus Schuhkartons, für die Tische, Stühle und Schränke nehmen wir wertloses Material (z. B. leere Klorollen, Streichholzschachteln, Cremedosen, Tabaksdosen, Filmrollen — kurz Material, das für gewöhnlich in der Mülltonne landet) und lassen die Phantasie walten; ein wenig Stoff bringt Farbe und Wärme in das Interieur.

Geschenkideen wären: Blumentöpfe aus Keramiplast, fertige Blumentöpfe bemalen, Blumentopfhüllen.

Alle Aktivitäten aus dem Kreis einer Gemeinschaft regen zur Nachahmung an. Wenn die Kinder einmal zugeschaut haben, wie ein Erwachsener gearbeitet hat, dann wollen sie es ihm gleichtun. Bei uns darf jeder Hand anlegen. Ob Bub oder Mädchen, ob groß oder klein. Wenn auch die Hausarbeit für die Großmutter ganz anders aussah, so gibt es doch viele Handarbeiten, die wir von ihr besonders gut lernen können.

Die Puppenfamilie soll eine Wohnung haben, in der es für jeden Geschmack das Richtige gibt. Einige Kinder entschließen sich, in einer gemeinsamen Aktion aus einzelnen Zimmern ein Haus zusammenzustellen. Andere Kinder betonen ihre Eigenständigkeit. Selbst das eigene Vorgärtchen darf dabei nicht fehlen.

Familiendarstellungen und Selbstbildnisse erfreuen sich großer Beliebtheit. Es ist ja auch von ungeheurer Wichtigkeit, sich vor sich selbst und anderen zu vergewissern, was alles zu einem selbst dazugehört.

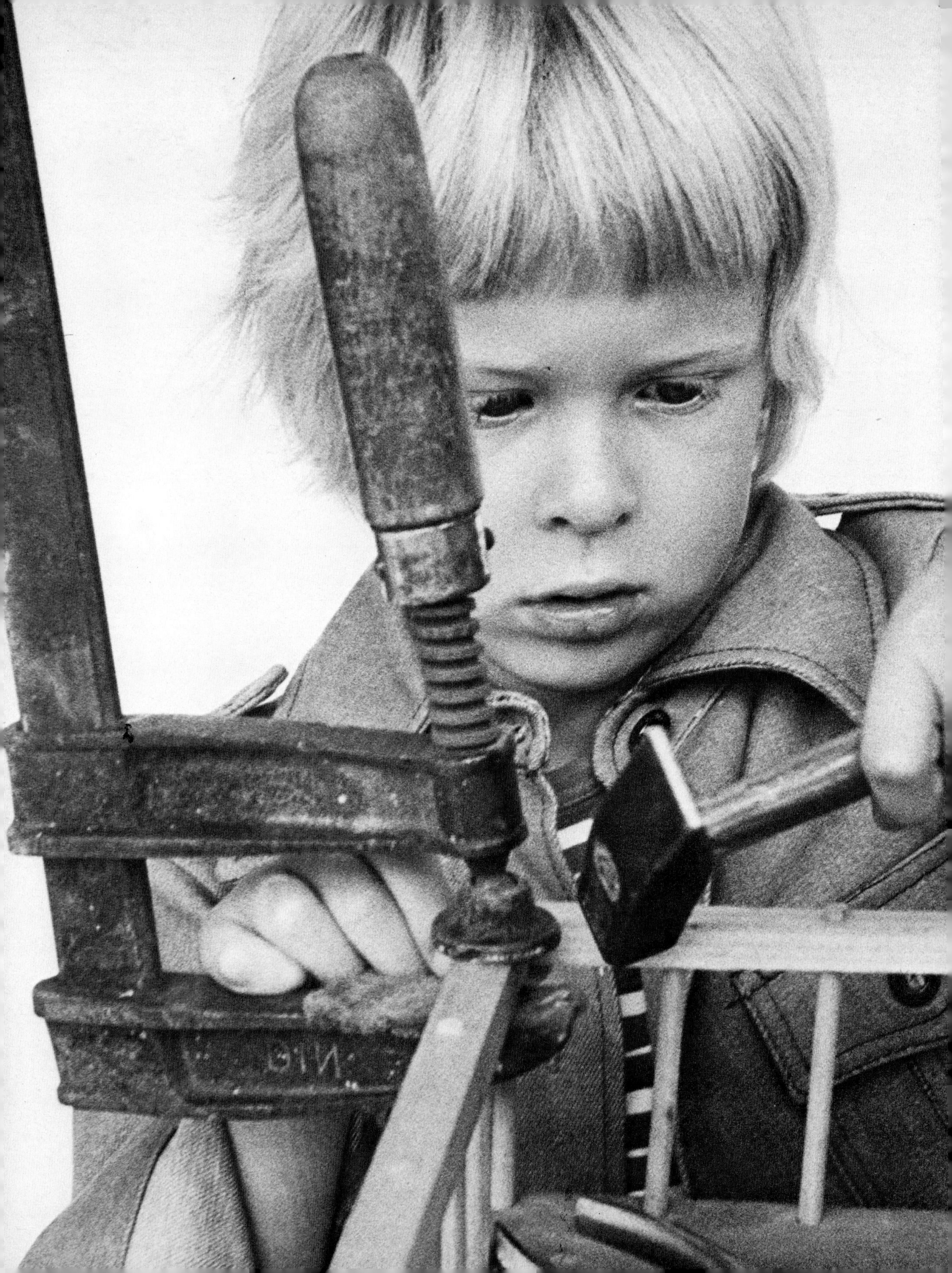

Was ich einmal werden möchte...

Im Flur hängt ein Fenster, im Waschraum sind einige Fliesen gesprungen, Garderobenhaken sind abgebrochen, und nun ist noch die Steckdose neben der Tür kaputt. Wir brauchen dringend Handwerker. Während wir Erwachsenen mit recht gemischten Gefühlen den „Handwerkertagen" entgegensehen, sind unsere Kinder voll freudiger Erwartung. Für alle werden die kommenden Tage ereignisreich werden, und unsere Kinder nehmen die Gewißheit mit: „Ich werde einmal ein ...!"

Was ich einmal werden möchte...

Während die Bewegungsspiele der frühen Kindheit sowie die späteren Sportspiele in erster Linie der Funktionslust und der Bewegungsmeisterung dienen, während die sozialen Spiele vor allem auf Gemeinsamkeiten sowie auf Wettbewerb abzielen, sind die *Fiktionsspiele des Vorschulkindes* unter den Gesichtspunkten der Nachahmung, der Phantasiebetätigung und der emotionalen Entladung zu sehen.

Durch Nachahmung des Tuns von Vater, Mutter, Doktor, Kaufmann, Schaffner, Schuster, Schreiner, Elektriker oder sonst einem „Beruf" aus der Welt der Erwachsenen, versucht sich das Kind in gewisser Weise die Rechte und Fähigkeiten der Großen anzueignen. Es bringt sich das Leben der Großen im Spiel näher, füllt es mit seinen Wünschen oder Gefühlen und wertet es nach seinen Erwartungen aus. (Zur Psychologie des kindlichen Spieles sollte man in der angegebenen Literatur nachlesen.)

Sprachbezug

Erweiterung der Informationen aus dem Bereich der Arbeitswelt und deren Umsetzung im Fiktionsspiel.

Die Spielideen der Kinder erfahren eine große Bereicherung, wenn wir sie bei den verschiedensten Arbeiten zuschauen lassen. Handwerkerbetriebe sind wohl nur noch selten in der nächsten Nähe zu finden. Doch sie sind nicht zuletzt gerade darum in besonderer Weise beliebt. Wir besuchen Schuster, Flickschneider, Polsterer, Schreiner und Drucker.

Beim Besuch einer Baustelle bekommen wir einen recht umfassenden Überblick: Zement wird gemischt, Mauern werden hochgezogen, Lasten werden von Kränen getragen, Fenster werden gesetzt, Leitungen werden verlegt, Löcher werden gebohrt, Bretter werden gehobelt... Die Liste solcher Sätze im Passiv können wir beliebig fortsetzen. Die Kinder sind außerordentlich erfinderisch. Viele Arbeiter tun etwas, und mit unendlich vielen Materialien geschieht etwas.

Kinder können Tätigkeitswörter in ihre Passivform bringen.

Literaturkontakte

Mit der ausgiebigen Betrachtung von Büchern lösen wir die Hektik einer solchen Baustelle ab. Eine Auswahl wäre etwa: „Der kleine Michael" (Ch. Süßmann), „Ein riesengroßer Kran" (Ch. Süßmann), „Im alten Garten wird gebaut" (U. Markus), „Birne kann alles" (G. Herburger), „Die Kölner Heinzelmännchen" (Märchensammlung).

Sozialbezug

Kinder erfahren den Unterschied zwischen Spiel und Arbeit.

Das Spiel eines Kindes und das Training gewisser Fähigkeiten in diesem Spiel sind in erster Linie als Ausdruck der Entfaltung seiner eigenen Persönlichkeit zu verstehen. Sobald aber ein Kind sein *Spielprodukt* unter dem Gesichtspunkt herstellt, daß es als *geleistete Arbeit* gelten soll, beginnt es, mit seinen eingebrachten Fähigkeiten einen sozialen Platz zu beanspruchen. Durch das Wahrnehmen, Aufgreifen und Annehmen der Belange einer Gemeinschaft sowie das Einbringen der persönlichen Fähigkeiten in diese Gemeinschaft wird das anfängliche durchaus spielerisch hervorgebrachte Produkt zur Arbeit. So kann ein Kind, das spielend und zum „Spaß" mit der Mutter Staub wischt, sich über ein Lob bewußt werden, daß es hier eine Arbeit geleistet hat.

Wir haben viele Materialien in der Gruppe und probieren damit unsere Fähigkeiten aus. Wer fühlt sich besonders stark im Hämmern, Bohren und Sägen oder wer hat seine Stärken im Nähen, Sticken und Schneidern erkannt?

Kinder sind in der Lage, ihre Fähigkeiten für eine gemeinsame Arbeit einzusetzen.

Wir nehmen uns eine *gemeinsame Arbeit* vor, bei der jeder einen Platz nach seinen Kräften ausfüllt. Wir basteln zum Beispiel eine Marionettenpuppe: Dazu brauchen wir Schreiner, die Ösen und Haken in die Arme, Beine und den Bauch (aus vorgeformten Holzteilen = Besenstielstücken) schrauben. Dann brauchen wir Schlosser, die mit Draht alle Teile verbinden. Einen passenden Anzug sollte schließlich der Schneider herrichten. Eventuell finden wir auch noch einige Schuster, die für unsere Marionette Schuhe und eine Tasche basteln.

Kinder stellen fest, daß aus einer auf das Ganze gerichteten sinnvollen Arbeit Befriedigung erwächst.

Eine solche Arbeitsteilung hat in der sogenannten *Fließbandarbeit* ihr negatives Extrem. Hier ist die Teilung der Arbeit so stark vorgenomen, daß für den einzelnen der sinnvolle Zusammenhang seiner Arbeit nicht mehr einsichtig wird.

Natur- und Sachbegegnung

Kinder können mit Handwerkszeugen hantieren.

Kinder beobachten die Eigenschaften fester Stoffe und experimentieren mit verschiedenen Stoffen.

Fließbandarbeiten lassen sich in der Gruppe demonstrieren: Wir bauen zum Beispiel ein Legoauto, bei dem jedes Kind nur einen einzigen Stein hinzuzufügen hat. Wir können auch zu einer Faltarbeit greifen, bei der jedes Kind nur einen einzigen Kniff ausführen darf. So spaßig dies am Anfang scheint, so gelangweilt und unausgefüllt fühlen sich unsere Kinder schon nach dem dritten Auto oder der dritten Faltarbeit, die auf diese Weise entstanden ist.

Bei unseren Besuchen auf Baustellen und in Handwerksbetrieben haben wir alles, was uns unter die Finger kam, aufgesammelt: Von Bausteinen und Brettern über eine Fensterscherbe bis zu Schrauben und Nägeln ist alles dabei. Im Gruppenraum haben wir etliche Werkzeuge, und nun können wir selbst hämmern, sägen, bohren, schrauben und feilen. Oft müssen wir uns recht mühen, und dann geht es wieder ganz leicht wie von selbst. Ab und zu zerbrechen wir auch etwas. Woran liegt das? An unserem Geschick oder Ungeschick? Liegt es vielleicht auch an den Stoffen selbst, mit denen wir hantieren?

Feste Stoffe haben verschiedene Eigenschaften. Holz ist *fester* als Glas. Es zerbricht keineswegs so schnell. Ja, ist es nicht direkt zäh? Es nimmt doch Nägel und Schrauben in sich auf und umschließt sie. Eisen ist härter als Holz. Denn mit einem eisernen Nagel können wir das Holz ritzen. Am härtesten soll der Diamant sein. Mit ihm schneidet der Glaser die Scheiben.

Alle Materialien, die wir mit nach Hause gebracht haben, prüfen wir auf den Grad ihrer Festigkeit oder Härte und vergleichen sie miteinander. Schließlich finden wir Stoffe, die *elastischer* sind als andere. Am elastischsten ist sicher unser Gummiball. Auch ein Stückchen Schaumstoff läßt sich einerseits verformen und nimmt andererseits schnell wieder seine alte Gestalt an. Diese Eigenschaft elastischer Körper ist lustig und spannend zugleich. Sie gibt diesen Körpern in den Augen der Kinder so eine Art „Eigenleben", das mit phantastischen Vorstellungen verbunden ist. „Mein Ball lebt. Er kennt mich. Er kommt zu mir zurück!" Wir basteln einen Ball aus Silberpapier oder Alufolie an einem festen Gummiband. Wenn wir ihn recht geschickt stoßen, fällt seine elastische Eigenbewegung so aus, wie wir es uns wünschen. Natürlich können wir uns einen solchen Springball auch auf einem Kirchweih- oder Oktoberfest kaufen.

Und dann gibt es Stoffe, die, nachdem sie einmal verformt sind, nicht in ihre ursprüngliche Form zurückkehren. Wir sagen, sie seien *plastisch,* und denken sofort an unser Plastilin. Den Unterschied von Plastilin und Gummi beobachten die Kinder in einem Wettspiel, in dem eine Plastilinkugel mit einem Radiergummi um die Wette springen soll.

Kinder bemerken und erfragen physikalische Phänomene (Elektrizität).

Die Beobachtung und Besprechung physikalischer Phänomene führt zu angemessenen Verhaltensweisen (z. B. Anwendung von Elektrizität ohne Angst).

Ähnlich geheimnisvoll, wie das „Eigenleben" elastischer Stoffe, mutet Kinder — und nicht nur diese — der *elektrische Strom* an. Er ist aus dem heutigen Leben nicht mehr wegzudenken, und wir müssen ihn kennenlernen. Einerseits, um die von ihm ausgehenden Gefahren vermeiden, und zum anderen, um ihn sinnvoll verwenden zu können. Es ist vielfach versucht worden, Kindern im vorschulischen Alter die physikalischen Grundlagen der Elektrizität nahezubringen. Der Erfolg — soweit man ihn in einem korrekten Verständnis der Zusammenhänge sieht, und dies muß man, wenn man nicht spätere Mißverständnisse heraufbeschwören will —, ist sehr zweifelhaft. Wir beschränken uns deshalb auf die Darstellung und Beobachtung der Wirkungen des elektrischen Stromes.

Dabei ist die Wärmewirkung neben der magnetischen Wirkung zu sehen. Die Wärmewirkung kennen wir alle von der elektrischen Heizung, dem Herd, dem Tauchsieder, dem Bügeleisen usw. In der Glühbirne, deren Hitze wir fühlen können, wird die Wärme so stark, daß der feine Draht verbrennen kann. Hier steht den Kindern die Gefahr deutlich vor Augen. Es wird selbstverständlich, daß man Vorsichtsmaßnahmen ergreift und einhält. Von den Elektrikern wird

97

die starke Hitzeentwicklung als eine Art Bumerang gegen die davon ausgehende Gefahr selbst verwandt (Sicherungen brennen durch).

Die magnetische Wirkung ist nicht so bekannt. Wir versuchen, sie in einem kleinen Experiment darzustellen. Wir benutzen eine Taschenlampenbatterie und überzeugen uns, daß zwischen den Metallenden eine kleine Glühbirne zum Leuchten kommt. Zwischen diesen Metallenden muß ein Strom fließen. Wenn wir die Metallenden nun, statt mit einer Glühlampe, durch einen dicken Nagel verbinden, muß auch durch diesen Nagel ein Strom fließen. Der Nagel leuchtet nicht — aber er zieht kleine Metallteile in seiner Umgebung an, er ist magnetisch geworden. Nach dem gleichen Prinzip arbeiten die großen Hebekräne, die wir auf der Baustelle gesehen haben.

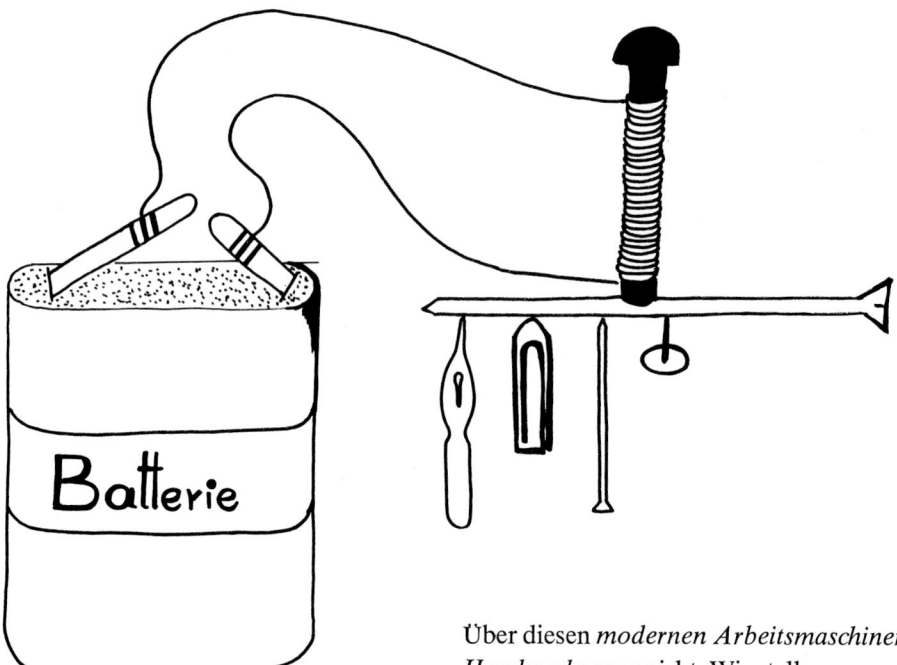

Mathematisches Grundverständnis

Kinder können den Tatbestand der Überschneidung verstehen.

Kinder erkennen immer mehr die Zusammengehörigkeit von Mächtigkeiten und Zahlen im Bereich der Mengen.

Über diesen *modernen Arbeitsmaschinen* der Bauarbeiter vergessen wir die *alten Handwerkzeuge* nicht. Wir stellen zusammen, was die verschiedensten Handwerker zu ihrer Arbeit brauchen. Dabei merken wir, daß manches Werkzeug von den unterschiedlichsten Handwerkern gleichermaßen benutzt wird. Vergleichen wir also die Menge der Werkzeuge verschiedener Handwerker, so stellen wir Überschneidungen fest. Überschneidungen dieser Art gibt es allenthalben — und nicht nur im mathematischen Bereich.

Spielen wir einmal mit der *Überschneidung* verschiedener Eigenschaften unserer Spielmaterialien: Für den Bau unserer Legomauer haben wir graue und rote Steine. Dann haben wir lange und kurze Steine. Unsere Überlegungen beim Bau dieser kleinen Mauer enthalten Gesichtspunkte wie etwa, daß sie widerstandsfähig sein soll, daß sie hoch werden soll, daß sie schalldicht werden soll usw. Dabei ist im Augenblick für unsere Arbeit gleichgültig, welche farblichen Eigenschaften die Steine haben. Sie sollen auf jeden Fall möglichst lang sein. Suchen wir also alle langen Steine aus unserem Sortiment, und legen wir dann alle roten Steine zusammen, dann gibt es Überschneidungen — lange Steine, die zugleich rot sind.

Beim Ordnen und Zusammenstellen der Werkzeuge fragen wir wieder einmal nach der möglichen Reihe vom Kleinsten bis zum Größten und — falls wir von einer Sorte mehr und von einer anderen Sorte weniger Stücke haben — nach einer möglichen Reihe vom wenigsten bis zum meisten. Die Reihung vom wenigsten zum meisten können wir unter Angabe der jeweiligen Mächtigkeit kennzeichnen. Wir verwenden zur Kennzeichnung der Mächtigkeit Symbole, zum Beispiel die Zahlen.

Um die *Zahlenbilder mit der ihnen zugehörigen Mächtigkeit* fest in der Vorstellung der Kinder zu verknüpfen, bauen wir aus Streichhölzern Figuren. Wer weiß eine Figur aus zwei Streichhölzern? Ein Zelt — ein Dach! Wer weiß eine Figur aus vier Streichhölzern? Ein Stuhl — ein Tisch mit einer Schublade.

Raumerfassung und Sinnesschulung

Kinder erfahren, daß es in vielen Bereichen unserer Wahrnehmung Überschneidungen geben kann.

Überschneidungsspiele werfen nicht allein logische Fragen auf. Wir machen auch interessante Beobachtungen bei *Überschneidungen von Farben und Formen*. Was wird etwa aus zwei Farben, die wir teilweise übereinanderschieben? Die Kinder nehmen vielleicht ein Blau und ein Gelb und lesen später dazu die Geschichte von dem „Kleinen Blau und kleinen Gelb" (L. Lionni).

Wir können auch zwei Muster übereinanderschieben und sehen, wie ein Schrägstreifen von links und ein ebensolcher von rechts nun zusammen ein Karo ergeben. Während wir bisher lineare Raumordnungen betrachtet haben, geht es hier um Flächen, die sich gegeneinander abgrenzen, die sich berühren, sich überschneiden oder ineinander übergehen.

Kinder verstehen die Raumordnung „innerhalb" und „außerhalb".

Mit den Begriffen „*innerhalb*" und „*außerhalb*", die sich dabei anbieten, bezeichnet man nicht nur die Lage eines Punktes in Bezug zu einer geschlossenen Linie, sondern ebenso die Lage zweier geschlossener Linien zueinander und überdies Beziehungen im mitmenschlichen Bereich.

Gibt es jemanden, der außerhalb unserer Spielgemeinschaft steht? Wir spielen „Katz und Maus" — wer steht innerhalb und wer ist außerhalb?

Musik und Bewegung

Bekannte Kinderlieder

Bei unseren Handwerkerspielen jedenfalls steht niemand außerhalb. Hier kann jeder mitmachen und singen:
„Wer will die fleißigen Handwerker sehn..." (Willkommen, lieber Tag, S. 71)
„Wir wolln zum guten Meister gehn..." (Willkommen, lieber Tag, S. 73)
„Grün, grün, grün sind alle meine Kleider..." (Willkommen, lieber Tag, S. 74)
„Ach, lieber Schuster, du..." (Willkommen, lieber Tag, S. 79)
„Schneidri, schneidra, schneidrum..." (Wir kleinen Sänger, S. 18)
„Zeigt her eure Füßchen, zeigt her..." (Wir kleinen Sänger, S. 31)

Turnspiele

Neben der rhythmischen Begleitung der Handwerkerlieder können die Kinder hier ihre Kräfte ausprobieren und miteinander messen. In unseren Turnspielen wird gehämmert, werden Beile geschwungen und Sägen geführt. Besonders beliebt ist die alte Schubkarre: Das vordere Kind stützt sich auf seinen Händen auf, während das hintere Kind die ausgestreckten Beine aufhebt und das vordere schiebt.

Bildnerisches Gestalten

Wir weben und stellen eine Decke her.

Die Ergebnisse unseres allgemeinen „Gewerkels" sind natürlich kleine handwerkliche Arbeiten. Von der Marionettenpuppe haben wir bereits gesprochen. Besonders reizvoll ist die Herstellung eines *eigenen Webrahmens*. Auf einem vorgefertigten Brettchen in den Ausmaßen 10 x 10 cm schlagen die Kinder an dem oberen und unteren Rand je eine Reihe kleiner Nägel im Abstand von einem Zentimeter nebeneinander ein. Zwischen die Nägel spannen wir den sogenannten Schuß und können nun mit einer großen Webnadel im Stopfstich mal auf mal ab eine Kette weben. Die fertigen Webflicken nähen wir zu einer Decke zusammen. Sieht diese Decke nicht aus, als könnte sie einen Puppenwagen oder auch einen Kinderwagen schmücken? Uns fällt das Baby ein, das in unserer Gruppe zu Besuch war, und wir wissen, daß es inzwischen in einem Kinderwagen spazierengefahren wird. Da wir ohnedies nach unserem Baby schauen wollten, beschließt die Gruppe, ihre Decke für den Babywagen zu schenken. Mit unserer Decke ist dieser Kinderwagen sicher der hübscheste in der ganzen Straße.

Das liebste Kinderspiel — Bauen mit Sand und Wasser — wird bei unserem Baustellenbesuch „ganz echt". Der Meister gibt Anleitungen, die von den „Gesellen" mit Feuereifer befolgt werden. Vom Kellenschwung bis zum Daumenkanten ist alles fachgerecht, und die kleine Mauer steht noch nach Tagen.

Beim Schneidern hatten wir bisher stets Schwierigkeiten mit dem Einfädeln des Fadens in ein kleines Nadelöhr. Doch wenn wir durch gelochte Pappe oder gelochtes Leder nähen, fällt dies Problem weg.

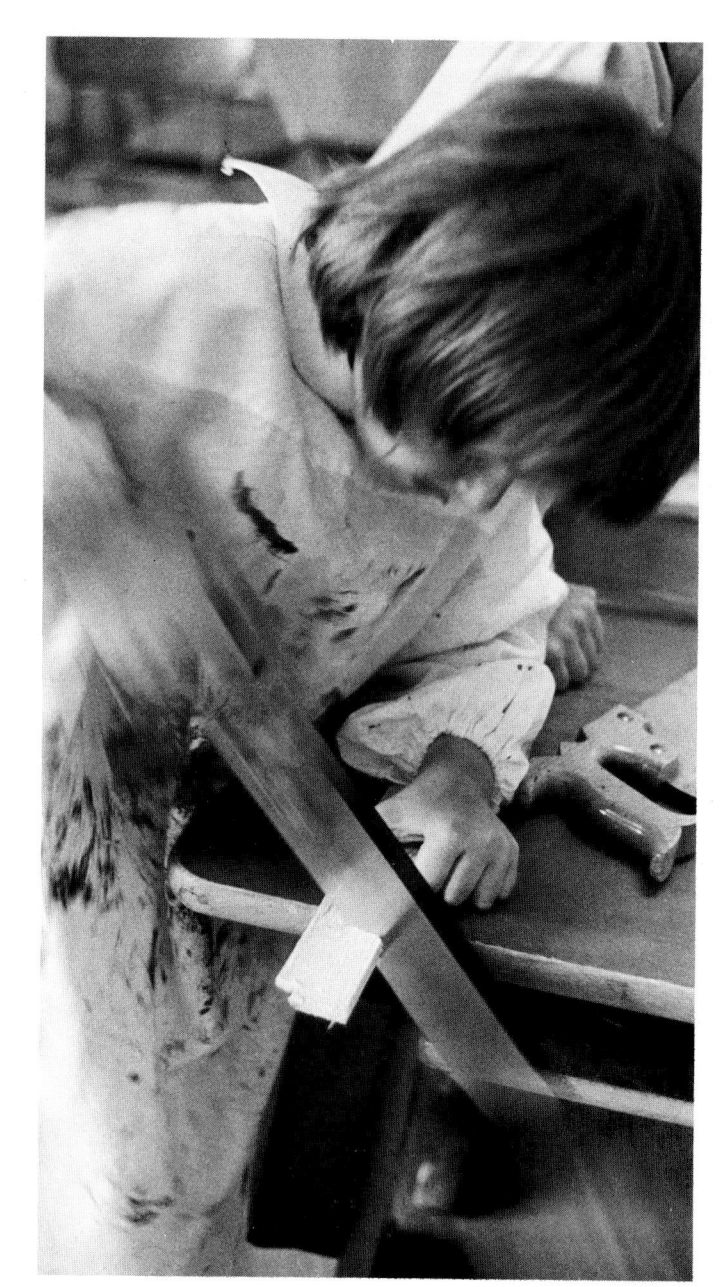

Manch ein Heimwerker wäre neidisch auf die Vielfalt unserer Schreinermaterialien. Die Kinder sägen, hämmern und leimen in freier Gestaltung. Hier ist das Ergebnis sogar als Schiff zu identifizieren.

An unserem Hampelmann sind beinahe alle Handwerker beteiligt: Da treten zuerst die „Schreiner" in Aktion. Sie sägen aus einem (leichten) Holz die Körperteile aus. Wir stellen sechs Schreiner ein. Zwei für die Arme und zwei für die Beine. Je einen für den Kopf und den Bauch.

Nach den Schreinern müssen die „Schlosser" harte Arbeit tun. In jedes Körperteil gehört ein Haken, eine Öse liegt gegenüber, damit man die Teile aneinanderhängen kann.

Die „Schneider" ziehen den nackten Hampelmann an. Sie nähen Röhrenhosen und Röhrenärmel.
Das bunte Jäckchen schließlich wird von der ganzen Gruppe gemeinsam gewebt. Jedes Kind webt im Stopfstich ein kleines Deckchen, das mit allen anderen Deckchen von der Erzieherin zusammengehäkelt wird und unserem Hampelmann besonders gut steht.

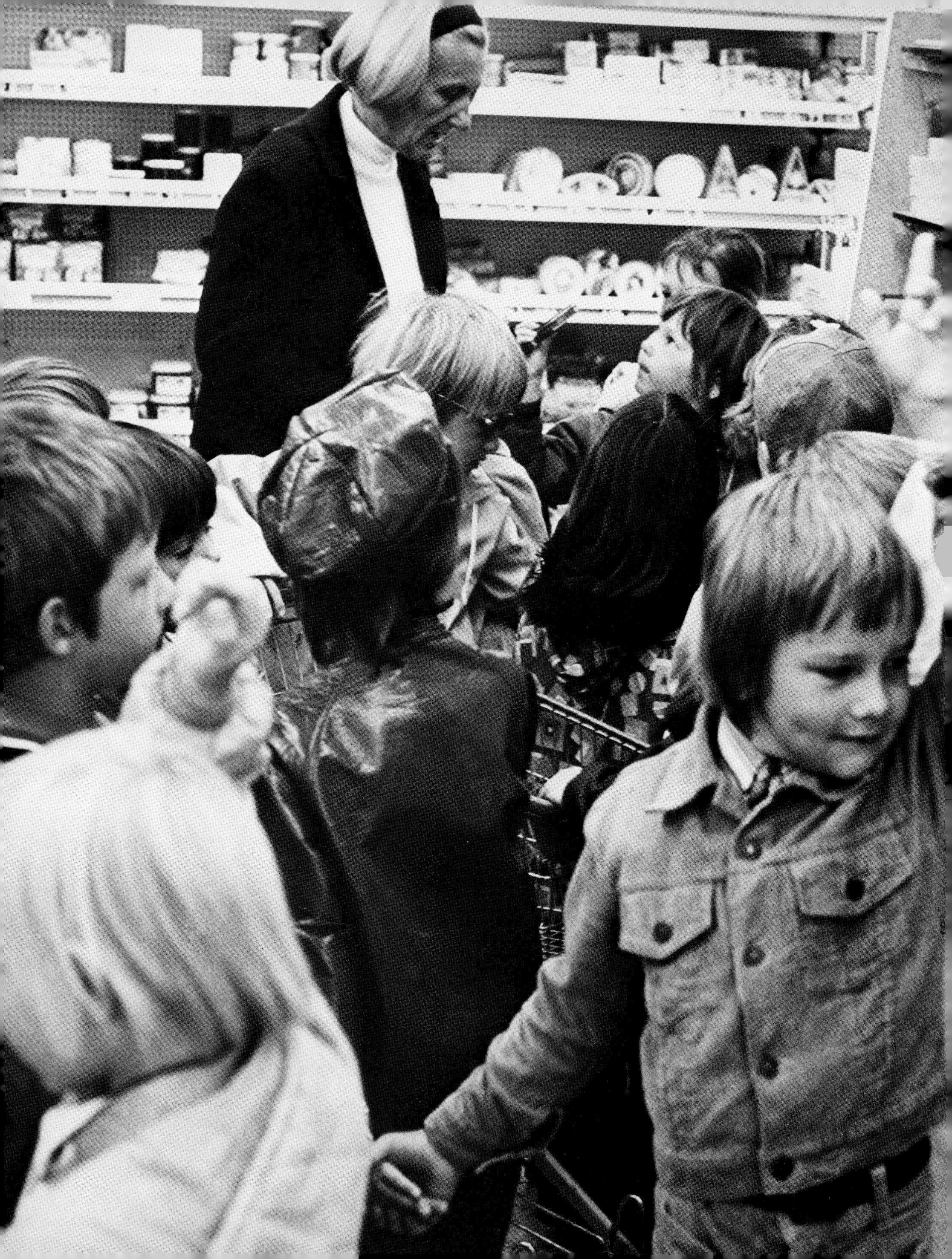

Einkaufen - Verkaufen

Das Wetter ist so verlockend, daß wir uns kurz entschlossen für einen Spaziergang entscheiden. Natürlich gehört zu einem Ausflug ein Picknick im Grünen, mit Broten und Getränken. Alle Kinder verpacken ihre Pausebrote im gemeinsamen Picknickkorb, und der noch fehlende Fruchtsaft wird zu Beginn unserer Wanderung im nahen Lebensmittelgeschäft eingekauft.

Einkaufen — Verkaufen

Sprachbezug

Erweiterung und Vertiefung des Wortschatzes sowie Festigung seiner Anwendung.

Einkaufen! Für viele Kinder ein selbstverständliches, tägliches Erlebnis, das mit einer Kette von Erfahrungen verknüpft ist, die es allmählich zu machen und aufzuschlüsseln gilt. Erfahrungen, die mit den zu kaufenden Gegenständen, mit den Orten, an denen man kauft, mit dem Kaufvorgang als solchem — mit seiner menschlichen und sachlichen Seite — zusammenhängen.

Das Kind weiß, daß es Läden verschiedenster Art gibt, und es kann sie nach ihren Warenangeboten charakterisieren. Aber wo die Waren herkommen und wie sie schließlich in diesen Laden kommen, ist den Kindern kaum bekannt. Es ist auch nicht in jedem Fall eindeutig, was gekauft werden soll, wieviel es wiegen soll und wieviel es kosten darf.

Fragen also der „Marktwirtschaft", der „Lebensmittelkunde", der „Haushaltsplanung" und des „Konsums" kommen bei dem selbstverständlichen Gang zum Laden um die Ecke auf die Kinder zu. Darüber hinaus gehören auch Erfahrungen dazu, die den Lebenmittelladen nur indirekt betreffen. Zum Beispiel müssen die Kinder Kontakt zu fremden Menschen aufnehmen können, sie müssen fragen können ohne Scheu und Angst, sie müssen sich eventuell in einer Warteschlange an der Kasse durchsetzen können.

Kinder planen im Gespräch einen Einkauf.

Versuchen wir also das *Einkaufen und Verkaufen* — so komplex es auch zu sein scheint — einmal anzugehen. Bevor wir zum ersten Male einkaufen, überlegen wir gemeinsam, für welche Gelegenheit und für wen unser Einkauf sein soll: Wollen wir unsere vergessenen Frühstücksbrote ersetzen? Wollen wir die Zutaten für einen Geburtstagspudding einkaufen? Oder wollen wir für das Lebensmittelpaket einkaufen, das wir alljährlich in die DDR schicken?

In jedem dieser Fälle wird ein geklebter oder gemalter *Einkaufsplan* anders aussehen; denn es ist ein Unterschied, ob wir an ein stärkendes Pausenbrot denken oder an eine süße Geburtstagsnascherei. Welche Lebensmittel tun uns gut und welche nicht?

Ein ganz anderer Einkaufsgesichtspunkt ergibt sich bei der Auswahl der Lebensmittel für unser Postpaket. Sie müssen haltbar sein und gut verpackt. Wir können Lebensmittel nennen, die haltbar sind, und solche, die haltbar gemacht worden sind. Wenn alle diese Dinge besprochen worden sind, können wir mit einem planvollen Einkauf beginnen.

Wir besprechen den Weg der Waren.

Wie sind die Lebensmittel eigentlich in diesen Laden gekommen? Immer, wenn wir einkaufen gehen, sind bereits alle Regale gefüllt, und nur selten können wir einen Anlieferwagen beobachten. Wo kommt er her, wer hat ihn beladen? Um diese Zusammenhänge verstehen zu können, müssen wir mit den Kindern den Weg besprechen, den die verschiedenen Waren von ihrem Ursprung und Erzeuger über den Händler bis zu uns, den Verbrauchern, machen. Am leichtesten ist der Weg der Milch für die Kinder einsichtig zu machen. Die Kuh, der Bauer, die Molkerei und endlich der Milchladen sind eine durchwegs geläufige Kette, die man versteht, ohne die Stationen gesehen zu haben. Aber auch alle übrigen Lebensmittel lassen sich bis zu ihrem Ursprung verfolgen. Wir spielen scherzhafte Ratespiele und fragen uns, ob die Tomaten aus dem Wasser gefischt, die Fische in Gärten gepflanzt oder die Wurst auf Feldern geerntet wird.

Kinder können das persönliche Fürwort anwenden.

Viele Menschen sind in die jeweilige Produktionskette einbezogen:
Die Magd melkt die Kuh — sie melkt,
der Bauer fährt die Milch zur Molkerei — er fährt,
die Arbeiter verarbeiten die Milch — sie verarbeiten,
die Mutter kauft die Milch im Selbstbedienungsladen — sie kauft,
das Kind trinkt die Milch — es trinkt usw.

Während wir auf diese Weise die persönlichen Fürwörter kennen und richtig verwenden lernen, kaufen wir die Utensilien für unser Milchfest in unserem eigenen kleinen Kaufladen ein: Butter, Quark, Käse und Sahne. Daraus bereiten wir uns ein Schlemmerfrühstück ganz nach Geschmack und Wunsch — mal süß, mal würzig.

In den Kreislauf, den wir gerade besprochen haben, können wir uns selbst einbauen und somit beide Seiten Einkaufen — Verkaufen erleben, wenn wir z. B. die selbst hergestellten Quarkspeisen meistbietend oder auch zu festen Preisen an unsere Mütter weiterverkaufen. Das erste selbstverdiente Geld!

Literaturkontakte

In der Pause lesen wir: „Kinder, heut ist Wochenmarkt" (K. Maillard), „Hans im Glück" (Gebr. Grimm), „Der kleine Leierkasten" (J. Krüss), „Klaus und Karin im Spielzeugladen" (J. Wikland), „Zwieselchen" (W. Bergengruen), „Was hat Frau Pumpel eingekauft?" (R. Neie in dem Buch: „Von Kirschendieben und mutigen Spatzen" von E. M. Helm).

Sozialbezug

Kinder machen Erfahrungen mit Geld. Sie lernen den persönlichen und sachlichen Wert sowie die sozialen Zusammenhänge des Geldes kennen.

Bei unserem Kaufladenspiel stellt sich die Frage nach der *Bezahlung*. Wir haben Spielgeld, vielleicht könnten wir aber auch Muggelsteine zum Bezahlen nehmen. Aber unsere Kinder sind unzufrieden. Sie wissen alle, daß man mit Geld bezahlt, und meinen, daß zum echten Einkaufen das Geld unerläßlich ist. Wir gehen gemeinsam der Frage nach, warum dies so ist, und stellen fest, daß unser Geld nichts weiter als ein Tauschmittel ist. Ebenso könnten es auch die Muggelsteine sein oder wie bei den Indianern die Bärenzähne, nur müßte der Gegenwert eines jeden Gegenstandes in Muggelsteinen oder Bärenzähnen ganz genau festgelegt werden. Wir erproben die Wertbezogenheit des Geldes! Ein kleines Gummibärchen ist 1 Pfennig wert — ein kleiner Kaugummi ist 5 Pfennige wert — ein großer Kaugummi dagegen 10 Pfennige.

Ebenso wichtig ist es, den Kindern die *sozialen Zusammenhänge des Geldes* klarzumachen. Wir erinnern uns an den Weg der Milch und an die vielen Menschen, die auf diesem Weg mitgeholfen haben. Weil so viele Menschen Mühe, Zeit und Kraft gegeben haben, bis die Milch sauber, haltbar und gut verpackt bei uns ankommt, und jeder dieser Menschen für seine Arbeit entlohnt wird, muß die Milch etwas kosten. Sicher reicht dieses eine Beispiel nicht aus, um verständlich zu machen, wie verschlungen die Zusammenhänge eines Geldumlaufes sind, aber wir können immer neue Geschichten ersinnen, die von der großen Reise des kleinen Pfennigs erzählen.

Kinder lernen, selbst mit Geld umzugehen. Sie werden sensibilisiert für ein richtiges Konsumverhalten.

Mit Geld sollte man umgehen können. Das lernt man z. B. mit dem Taschengeld. Natürlich ist es dem Elternhaus überlassen, ob, in welchem Umfang und unter welchen Bedingungen ein Taschengeld an die Kinder gegeben wird. Wir sollten an einem Elternabend diese Frage aber durchaus aufgreifen und — wenn möglich — die Eltern ein wenig aufeinander abstimmen; denn die Kinder können noch nicht verstehen, warum ein Freund von nebenan doppelt so viel Taschengeld bekommt.

Den richtigen Umgang mit dem eigenen Geld überlegen wir mit den Kindern gemeinsam: „Zwei Groschen habe ich für eine Woche, davon kaufe ich gleich ein Eis!" — „Ich habe auch zwei Groschen. Dafür bekomme ich zwei Kaugummi!" — „Ich bekomme auch zwei Groschen, die ich jetzt so lange zusammenlege, bis ich die Liebesperlenflasche für die Puppe und mich kaufen kann!" Was kann man alles mit zwei Groschen tun?

Die Werbung macht verlockende Angebote. Wir schneiden aus einer Zeitung Werbeinserate aus und kleben ein wahres Tischlein-Deck-Dich. Was wäre, wenn wir alles auf unserem Tischlein-Deck-Dich aufessen würden? Oder wir malen uns aus, was entstehen würde, wenn wir alle Werbeangebote von schicken Möbeln

Kinder verstehen Regeln des Zusammenlebens und akzeptieren sie auch für sich.	für unser Zimmer kaufen würden. In dem einen Fall würde unser Bauch und in dem anderen Fall unser Zimmer platzen. Wenn wir selbst nicht das richtige Maß finden, haben wir an unserem Einkauf mehr Ärger als Freude.

Ärger bekommen wir auch, wenn wir die *ungeschriebenen Gesetze des Einkaufens und Verkaufens* nicht beachten: Im Rollenspiel mit unserem Kaufladen probieren wir gemeinsam aus, wie man sich in einer Anstellschlange an der Kasse verhält. Oder wir überlegen, ob wir Waren anfassen dürfen. Natürlich möchte niemand die „Katze im Sack" kaufen. Doch wie wenig appetitlich würden alle Waren, wenn jeder solche handgreiflichen Prüfungen vornehmen würde. Wir nehmen zur Probe einen Apfel und reiben ihn mit einem sauberen Tuch, einmal, bevor wir ihn angefaßt haben, und dann, nachdem er durch die vielen Hände herumgereicht worden ist.

Bleibt noch die Frage, warum man eigentlich nicht die vielen schönen Kleinigkeiten, die man haben möchte, mitnehmen kann, *ohne sie zu bezahlen*. Da die Kinder die sozialen Zusammenhänge des Geldes besprochen haben, werden sie jetzt leichter verstehen, daß sie viele Menschen schädigen, wenn sie nur eine einzige Tüte Süßigkeiten stehlen. Hier ist die Elternarbeit wieder deutlich vonnöten. Wenn ein Kind stiehlt, ist es noch lange kein potentieller Dieb. Es erliegt, wie viele Erwachsene auch, dem verlockenden Angebot und dem Bedürfnis zu besitzen. Erst wenn solche Situationen sich häufen, sollten die Ursachen eines solchen Verhaltens — evtl. mit der Hilfe eines Psychologen — aufgedeckt werden. (Literatur zur Symptomatik siehe Anhang.) |
	Die Waren, die wir einkaufen, sind entweder abgewogen oder werden für uns gewogen. *Was ist „wiegen" und wie funktioniert eine „Waage"?* Die meisten Waagen sind heute so konstruiert, daß ihre Funktion, der Wiegevorgang als solcher, für die Kinder nicht mehr einsehbar ist. Wir wollen das Grundlegende des
Raumerfassung und Sinnesschulung	Wiegeprinzips, d. h. die Herstellung des Gleichgewichts, in systematischen Schritten aufbauen und beginnen mit den Begriffen „leicht", „schwer", „leichter",
Kinder machen Erfahrungen mit den Begriffen „schwer" und „leicht".	„schwerer" usw. Zunächst hängt es von unserer eigenen aufgewandten Kraft ab, was wir als schwer oder leicht empfinden. Die Stühle unseres Gruppenraumes zum Beispiel sind für die Kleineren schon recht schwer. Während die größeren Kinder
Kinder erleben, daß die Angabe, etwas sei schwer oder es sei leicht, eine subjektive Aussage sein kann.	sie mit Leichtigkeit auf die Tische heben. Wir spielen Gewichtheber und teilen die Gegenstände des Zimmers in schwere und leichte Dinge ein. Da man durchaus Gefahr laufen kann, große Dinge für schwer und kleine für leicht zu halten, sollten wir uns nie mit dem Augenschein zufrieden geben, sondern prüfen, ehe wir uns entscheiden.
Sensibilisierung für das Abwägen zwischen schwer und leicht.	Am konzentriertesten kann man mit geschlossenen Augen abwägen, und jedes Kind schätzt die eingekauften Lebensmittel und legt sie in eine Reihe vom leichtesten bis zum schwersten.
Natur- und Sachbegegnung	Sehr viel genauer wären unsere Aussagen, wenn wir sie mit Hilfe einer Waage machen könnten. Wir basteln eine Balkenwaage, mit der wir unsere Frühstücksbrote vergleichend wiegen können. Wir wiegen ebenso unsere Bausteine, die
Kinder versuchen die Aussage, etwas sei schwer oder es sei leicht, zu objektivieren.	Perlen oder die Puppen und beobachten dabei, daß die Stellung der Waagschalen anzeigt, welcher Gegenstand schwerer und welcher leichter ist. Wir sehen, daß jeweils der schwerere Gegenstand eine Neigung des Balkens verursacht.
Kinder stellen Gewichtsunterschiede vergleichend fest.	Eine weitere Möglichkeit, Gewichtsunterschiede festzustellen, bietet unsere Wippe auf dem Spielplatz. Hier vergleichen wir, wer von den Kindern leichter oder schwerer ist. Ein „schwerer Junge" läßt jedes andere Kind in der Höhe „verhungern". Wenn wir unseren schweren Jungen mit Sandeimern aufwiegen, brauchen wir ungefähr fünf volle Sandeimer. Mit der Balkenwaage oder auch mit einer nachgebauten Wippe wiegen die Kinder in gleicher Weise ihre Puppen mit Plastelinkugeln und später mit Gewichtsstücken auf.

Kinder experimentieren mit den verschiedensten Waagen.

Gerade dieses Sich-Neigen zur jeweils schwereren Seite sehen die Kinder an der Kerzenwaage, die wir aus einer langen Kerze herstellen (siehe Skizze). Wenn die Kerze an beiden Enden brennt, fallen an beiden Enden Wachstropfen herunter. Da dies nicht gleichzeitig geschieht, wird mal die eine, mal die andere Seite leichter. Die Kerze neigt sich jeweils zur schwereren Seite und wiegt im Takt.

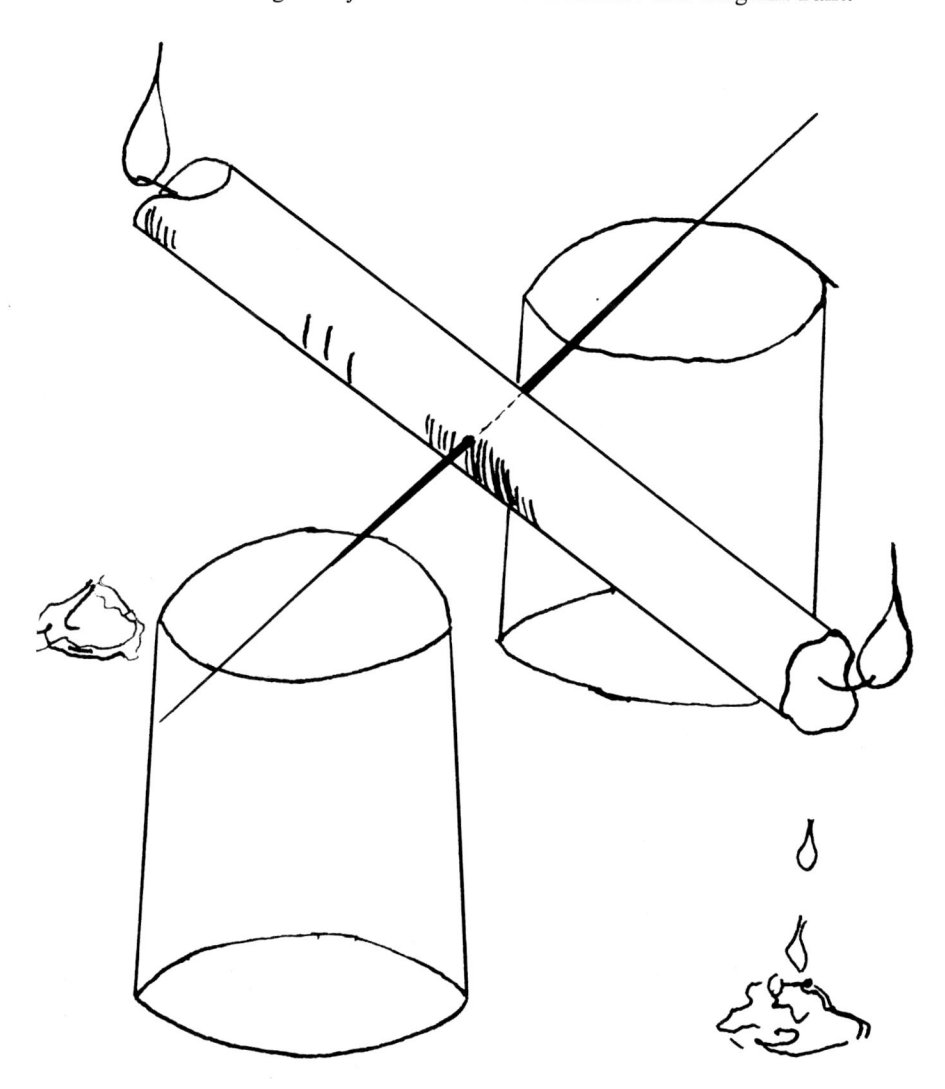

Die Schwierigkeiten bei unserem Wippenbau, sei es nun mit einem Lineal, einem Balken, einem Bügelbrett oder Bleistift, ist die, den Punkt des Gleichgewichts zu finden. Wir schieben, zirkeln und mühen uns sehr. Wir müssen eine Methode erfinden, um den Schwerpunkt unserer Waage angeben zu können. Dazu nehmen wir einen einfachen Faden oder ein Stück Paketschnur, vielleicht auch ein Maßband, und legen es auf die ganze Länge unserer späteren Wippe. Dann brauchen wir das Band nur noch halbierend übereinanderzulegen und markieren nun die Mitte auf unserem Wippbalken. Der tanzende Clown, dessen Konstruktion wir aus dem Büchlein „Spiel — das Wissen schafft" (Maier, Ravensburg) entnommen haben, findet sein *Gleichgewicht*.

Mathematisches Grundverständnis

Kinder bilden Mengen nach verschiedenen Gesichtspunkten.

Sie erfahren, daß es Überschneidungsbereiche geben kann, die als Schnittmenge definiert werden.

Bei unseren Versuchen, Leichtes und Schweres zu bestimmen, haben wir gesehen, daß große Dinge nicht immer auch schwer sein müssen. Die Kinder stellen nun Dinge zusammen, die *leicht* sind, und solche, die *groß* sind. Hierbei sehen wir, daß manches sowohl in den einen als auch in den anderen Zuordnungsbereich gehört. Wir müssen also einen zusätzlichen Bereich schaffen, der teilweise die beiden anderen überschneidet und in den die Gegenstände kommen, die leicht und zugleich groß sind (Schnittmenge).

Im Kaufladenspiel bietet sich eine ganze Palette möglicher *Zuordnungen von Gegenständen* an. Wir spielen „Taschenpacken": Was gehört in Mutters Korb, was in Vaters Tasche und was in unseren Ranzen? Die Kinder müssen schnell reagieren und sachliches Wissen umsetzen. Oder wir spielen „Laden einräumen": Was gehört zum Fleischer, was zum Bäcker und was zur Milchfrau? In vielen Fällen gibt es keine Schwierigkeiten. Aber einige Gegenstände sind nicht eindeutig zuzuordnen. So gehört der Bleistift möglicherweise ebenso in Vaters Tasche wie in unseren Ranzen. Für solche Überschneidungen brauchen wir einen eigenen Bereich.

Musik und Bewegung

Kinder sind in der Lage, ihren Körper balancierend zu bewegen.

Ausgewogene und konzentrierte Bewegungen des ganzen Körpers erfordern *Balancespiele*. Die Kinder spielen mit sich selbst Waage. Sie balancieren das Gewicht ebenso wie die gesamte Körperhaltung auf einer schmalen Unterlage aus. Sei dies nun auf einem Baumstamm, den wir während eines Spazierganges finden, auf dem Schwebebalken in der Turnhalle oder auf einem Besenstiel im Gruppenraum.

Bildnerisches Gestalten

Gerade und diagonale Faltung.

Wir falten Körbchen und Geldtäschchen für den geplanten Einkauf.

Kinder können mit der Schere jede beliebige vorgegebene Form schneiden.

Wir schneiden aus Illustrierten Bilder aus zu den Themen: haltbare Lebensmittel und leicht verderbliche Lebensmittel, Nahrungs- und Genußmittel oder auch Einrichtungsgegenstände, die in Werbeinseraten angepriesen werden. Hieran kann sich die Überlegung anschließen, was wir für notwendig halten und was uns entbehrlicher Luxus zu sein scheint. Entsprechend dem Ergebnis unseres Gespräches kleben wir Collagen zusammen.

Wir basteln zum Thema Gleichgewicht und Waage.

Mit Papier und Klebstoff basteln die Kinder Gegenstände zur Erprobung des Gleichgewichts, zum Beispiel eine Wippe aus Nähseidenrollen oder den tanzenden Clown (siehe Skizze).

Kinder stellen in eigener Regie eine Gemeinschaftsarbeit her.

Als Gemeinschaftsarbeit entsteht eine Ladenstraße aus Schuhkartons. Die Kinder entscheiden gemeinsam, welche Läden gebaut werden und welche Kinder an welchen Läden gemeinsam arbeiten sollen.

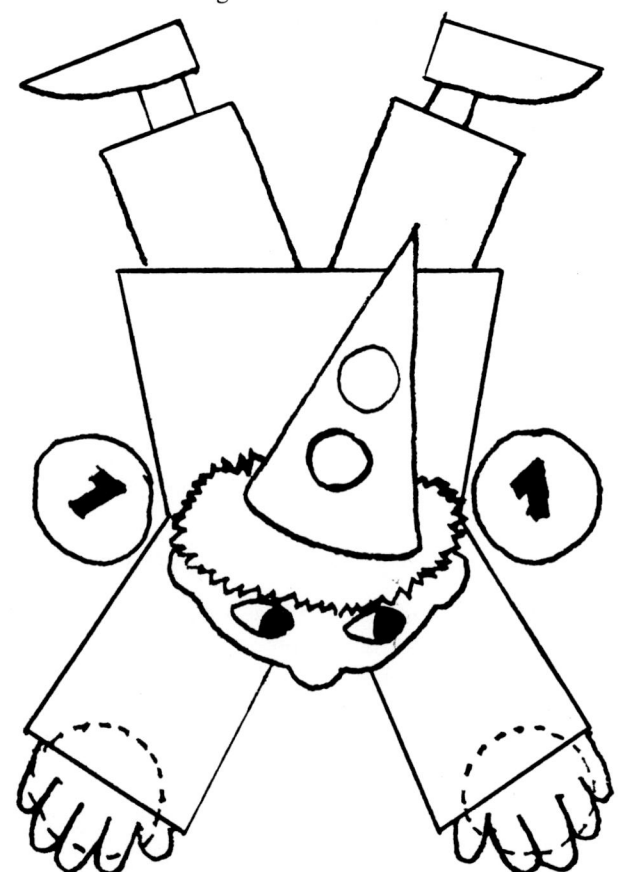

Arbeitsanleitung für den tanzenden Clown in: H. J. Press, Das Spiel, das Wissen schafft (Maier, Ravensburg).

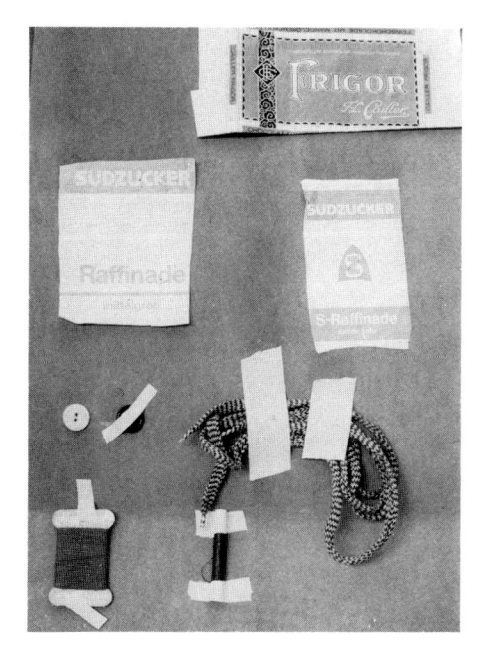

Was wollen wir einkaufen? Wo wollen wir einkaufen? Diese vorbereitenden Überlegungen werden in der Gruppe geklärt.

Da werden gemalte und geklebte Einkaufspläne hergestellt; auch die Darstellung der verschiedenen Läden wechselt von Gruppe zu Gruppe.

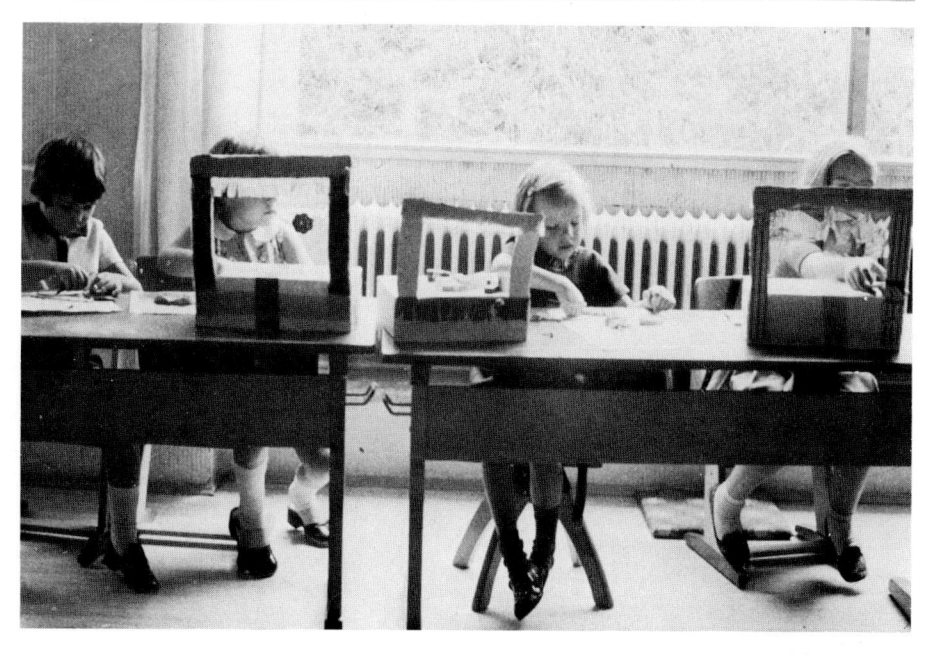

Eine ganz alte und doch stets faszinierende Technik der Reproduktion plastischer Formen, hier eines 5 DM-Stückes. Eine weitere Variante: Anstelle des Daumens oder des Fingernagels wird mit einem Bleistift schraffiert.

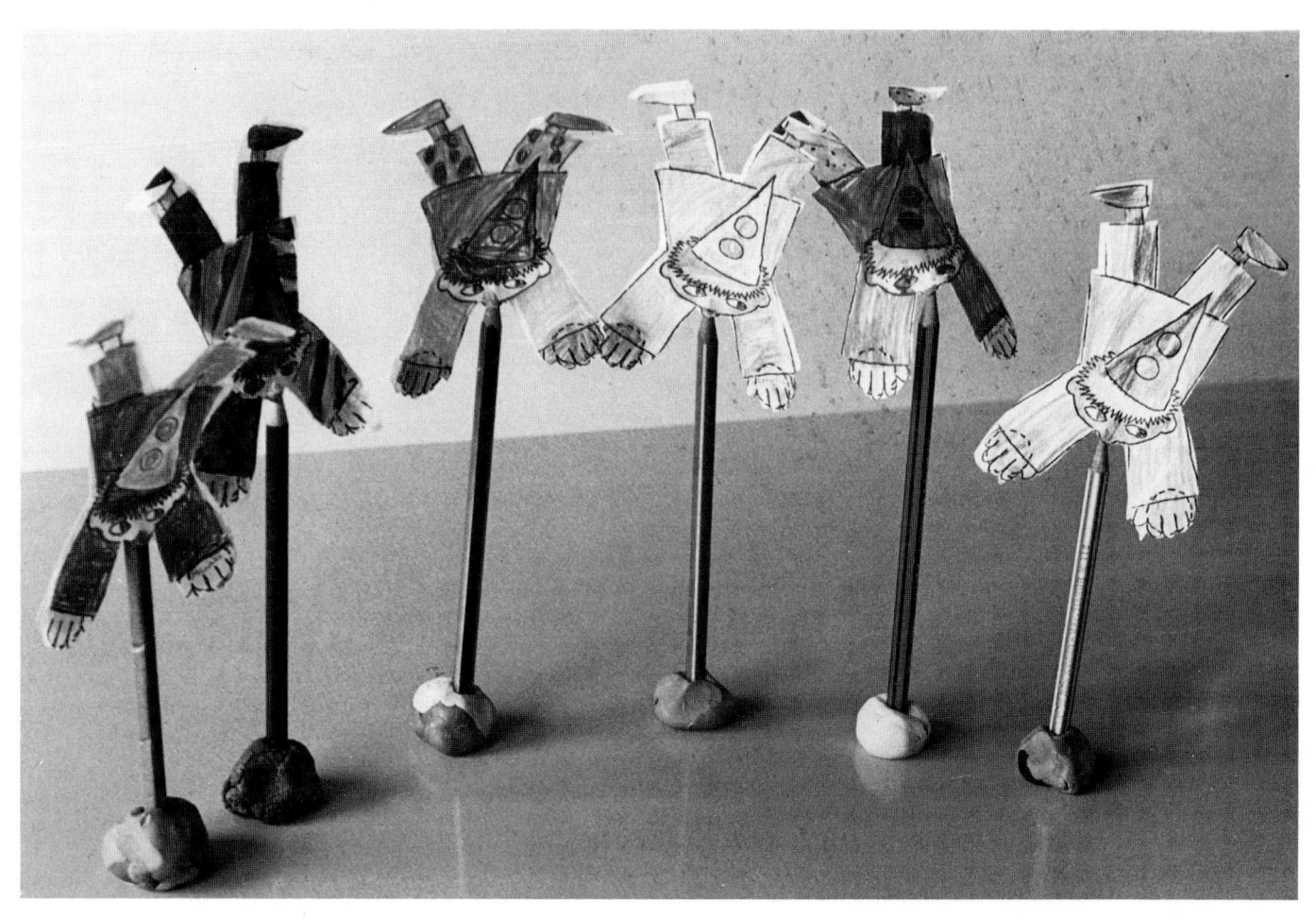

Selbst die modernste Waage ist auf das Prinzip der Herstellung des Gleichgewichts zurückzuführen, auch wenn man es nicht mehr direkt sehen kann. Die Kinder experimentieren mit dem Gleichgewicht.

113

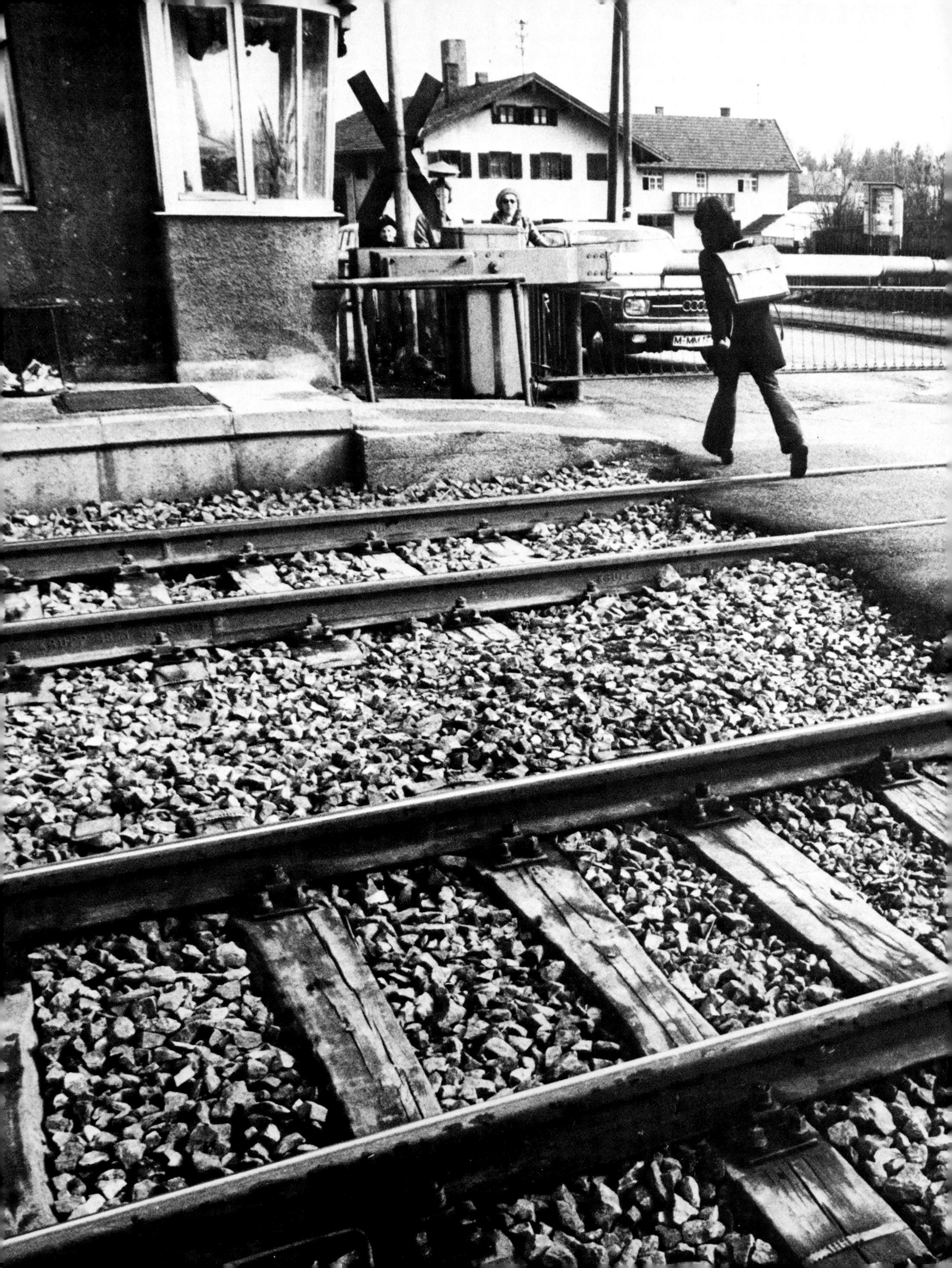

Die große Reise

Ein Geburtstag wird gefeiert. Das Geburtstagskind erzählt stolz, daß es ein Fahrrad geschenkt bekommen habe. „Es ist rot, es hat eine Klingel und eine Lampe. Wenn ich fahren kann, fahre ich nach Amerika!" Die anderen lauschen andächtig und staunend. Und dann versuchen sie, einander zu übertrumpfen. Immer größer und leistungsstärker werden die Fahrzeuge. Immer weiter und phantastischer die Strecken, die man damit zurücklegen wird. Die Kinder diskutieren, was wohl schneller fahren kann: das Motorrad des Bruders, Vaters Auto, der Schnellzug oder ein Flugzeug und ob es bedeutender sei, sich selbst als Pilot, Kapitän oder Lokomotivführer in der Welt herumfahren zu sehen.

Die große Reise

Sprachbezug

Wortschatzerweiterung durch Gespräche und Dramatisierungen.

Steigerung der sprachlichen Reaktionsfähigkeit.

Kinder kennen die Sprache als Mittel zur Handlungsanweisung und wenden sie als solche an.

Auf dem Weg zu einem so großen Ziel beginnen wir als tüchtige Fußgänger. Die täglichen Erfahrungen, die die Kinder beiläufig und unterschwellig auf ihren Wegen an der Hand der Mutter, in der Kindergruppe oder auch allein gemacht haben, versuchen wir reflektierend zu vertiefen.

Da kommt das Kasperle und spielt kleine Geschichten über das *Verhalten auf der Straße und der Landstraße*. Der Kasper führt ebenso das Überqueren einer Fahrbahn mit und ohne Ampel und auf dem Zebrastreifen vor. Natürlich macht er zumeist Dummheiten, und die Kinder können ihn belehren, mit ihm die bessere Lösung durchsprechen und ihm in einem eigenen Spiel auf dem Verkehrshof vorführen, wie man sich richtig im Verkehr verhält. Solche Überlegungen und Gespräche können genauso an Filme oder Diareihen (Pamfireihe) geknüpft werden.

Ausschließlich gespielte Verkehrserziehung reicht nicht aus. Die gespielten Verhaltensweisen müssen in der täglichen Praxis erprobt werden, damit sie „sitzen". An einer nahegelegenen Straßenkreuzung zeigen unsere Kinder einem Verkehrspolizisten ihre Verkehrstüchtigkeit.

Die vielen *Fahrzeuge* zu Land, zu Wasser und in der Luft haben interessante Entstehungsgeschichten. Was wir auch zur näheren Betrachtung wählen: gleich faszinierend ist die Geschichte der Fliegerei, der Schiffahrt, des Autos und der Eisenbahn. Wir machen einen Besuch in einem technischen Museum. Von den Ausflügen in diese Vergangenheit schlagen wir die Brücke zur Gegenwart. Wer die Möglichkeit hat, einen Bahnhof, ein Straßenbahndepot, einen Flughafen oder auch einen Schiffsanlegeplatz aufzusuchen, sollte dies nicht versäumen. Wenn die Väter von einem solchen Vorhaben hören, bin ich sicher, daß sich der eine oder der andere Zeit nimmt und die Führung selbst übernimmt.

Literaturkontakte

Zum Thema lesen wir vielleicht folgende Bücher: „Die tolle Straßenbahn" (M. Aeberhold), „Autos auf allen Straßen" (L. Pfeil), „Strom und Straße" (A. Mitgutsch), „Apollo 11" (E. Fuchs), „Rot-Gelb-Grün" (E. Rechlin), „Lok 1414" (F. Feld, Ariola Schallplatte).

„Straße" kann man spielen — aber die Straße ist kein Spielplatz. Sie hat viele Gesichter, die hektisch durcheinander flimmern, und birgt für ein Kind unzählige Gefahren. Der gefahrlosere Ablauf des Verkehrs erfordert, daß der einzelne die Regeln des Verkehrs für sich selbst als verbindlich betrachtet und zugleich *partnerschaftliche Aufmerksamkeit* für jeden anderen Verkehrsteilnehmer aufbringt.

Sozialbezug

Kinder werden sensibilisiert für das Abschätzen der zu erwartenden Reaktion ihrer Mitmenschen.

Wer von den Menschen, die mir begegnen, ist älter oder jünger als ich? Wie benehmen sich ältere und wie jüngere Leute? Wir beobachten gemeinsam, wer wohl besser aufgepaßt hat und auch, wer besser aufpassen wird. Um unsere Aufmerksamkeit für den Partner auf der Straße zu schärfen, stellen wir Prognosen ganz allgemeiner Art auf: Was wird der eine oder der andere, sei er nun Fußgänger oder Fahrzeugfahrer, gleich tun? Wenn wir möglichst viele Faktoren beachten, können wir die künftige Reaktion so genau erraten, als seien wir Gedankenleser — weil für uns alle gewisse Verkehrsregeln gelten.

Kinder lernen Regeln, die zur Sicherheit aller Menschen aufgestellt sind, kennen, akzeptieren und selbst einhalten.

Verkehrsregeln! Wir fragen: Kann man Abfälle auf die Straße werfen? Kann ich meinen Roller oder mein Fahrrad auf die Fahrbahn legen? Muß ich die Straßenzeichen beachten? Warum sollte ich in einem öffentlichen Verkehrsmittel meinen Platz anbieten? Und wem? Kann ich mich beim Einsteigen in den Bus, die S-Bahn oder die Straßenbahn vordrängeln? Wohin soll ich den Kaugummi tun, den ich nicht mehr mag? Das sind einige Fragen aus einem sicher zu erweiternden Katalog, und jede dieser Fragen kann man in einem Rollenspiel darstellen und durchspielen.

Katalog der notwendigen Verkehrszeichen für diese Altersstufe.

An *Verkehrszeichen* sollten in diesem Alter bekannt sein oder doch bekannt werden: Gebot für Fußgänger, Gebot für Radfahrer, Gebot für Fußgänger und Radfahrer, Hinweis auf Fußgänger-Über- oder -Unterführung, Hinweise auf Schule, Kindergarten und Schülerlotsen, Warnzeichen, die für Kinder wichtig sind.

Raumerfassung und Sinnesschulung

Kinder beherrschen alle fundamentalen Bewegungsformen.

Kinder können fundamentale Bewegungsformen nach Schnelligkeit, Stärke und Richtung ändern.

Die Änderung der Bewegungsformen kann auf akustische und/oder optische Reize hin erfolgen.

Der Verkehr fordert alle unsere Sinne. Das wache Auge und Ohr, die präzise Bewegungsfähigkeit sind Grundvoraussetzungen für jeden Verkehrsteilnehmer. Wir spielen *Bewegungsspiele,* die zudem die *optische* und *akustische Wahrnehmungsfähigkeit* schulen. Alle Kinder gehen oder hüpfen, laufen oder springen, ändern die Richtung oder überholen, halten an oder werden schneller auf verschiedene, verabredete akustische und optische Signale hin. Akustische Signale sind etwa ein einfacher Zuruf, der Klang des Tamburins, eine Fahrradklingel oder der Ton einer Autohupe. Optische Signale sind zum Beispiel Tücher, Lichter mit verschiedenen Farben, einfache Handzeichen oder solche, wie sie der Schutzmann gibt. In einem gesicherten Spielraum kann man dieses Orientierungs- und Reaktionstraining auch mit dem Roller versuchen.

Kinder erfahren das Raumordnungsprinzip „rechts — links".

Die Orientierung nach *rechts oder links* ist dabei für viele Kinder problematisch. Es ist schon nicht leicht, seine eigene rechte oder linke Seite sicher und womöglich auch noch schnell zu finden, um wieviel komplizierter ist es dann, die rechte oder linke Seite seines Gegenübers zu definieren. Die Bezeichnung der Seiten ist abhängig von der betrachtenden und urteilenden Person, und rechts und links sind somit relative Begriffe. Kleine Spiele wie „Mein rechter Platz ist leer, ich wünsche mir den F . . . her!" oder „Wer findet das Bonbon in meiner rechten/ linken Tasche?" helfen, die Unterscheidungsfähigkeit zu festigen.

Die Ordnung nach rechts oder links ist relativ.

Mit unseren verschiedenen Fahrzeugen sind *Orientierungsspiele* zur Unterscheidung von rechts und links leicht zu erfinden: Ein Schiff ist in den Sturm geraten und die Mannschaft kann nur gerettet werden, wenn sie flink auf die rechte oder linke Seite springt, je nachdem, was der Kapitän angibt. Außenseiter gehen selbstverständlich über Bord und müssen anschließend mit Rettungsringen aufgefischt werden.

Wenn es gar zu schwer fällt, kleben wir auf die Lieblingsseite eine Leuchtplakette.

Das Problem der Linkshändigkeit sollte nach gründlicher Vorbereitung über die einschlägige Literatur (s. Literaturangaben) ein Thema für den Elternabend sein, da hier noch weitverbreitete Vorurteile und unterschwellige Fehlurteile anzutreffen sind.

Mathematisches Grundverständnis

Kinder können Teilmengen nach verschiedenen Merkmalen bilden.

Die Vielfalt der Fahrzeuge, von denen wir sprechen, ist schier verwirrend. Man sollte ein wenig Ordnung hineinbringen. Die Kinder machen Vorschläge, *nach welchen Gesichtspunkten sie die Fahrzeuge einteilen* würden. Alles, was fliegt, was schwimmt und was auf der Erde fährt. Alles, was einen Motor hat, und alles, was keinen Motor hat. Schnelle Fahrzeuge und langsame Fahrzeuge. Solche mit Rädern und solche ohne Räder.

Wir bauen Parkplätze, und unsere Parkwächter passen genau auf, daß die Parkvorschriften eingehalten werden. Eine Vorschrift lautet, daß auf einem Parkplatz alle Motorfahrzeuge und auf dem danebenliegenden Platz alle zweirädrigen Fahrzeuge unserer Spielzeugsammlung parken sollen. „Was tun wir mit dem Motorrad?" Der Parkwächter entscheidet: „Wir schieben die Parkplätze einfach ein wenig übereinander! Dann steht das Motorrad da, wo die Plätze sich überschneiden!"

Kinder erfahren, daß es Mengenmerkmale gibt, die eine Überschneidung von Mengen notwendig machen.

Unsere Fahrzeugsammlung haben wir inzwischen außerordentlich bereichert und vergrößert. Aus Streichholzschachteln oder sonstigen Verpackungsmaterialien

Bildnerisches Gestalten

Kinder gestalten aus allerlei Abfallmaterial.

Gerade und diagonale Faltung.

Kinder malen Phantasiebilder.

Funktionsgerechtes Bauen.

sind Züge und Autos entstanden. Schiffe und Flugzeuge haben wir in verschiedenen Modellen gefaltet.

Am meisten Freude hat es den Kindern gemacht, phantastische, auch utopische Fahrzeugideen nach ihrer Vorstellung zu malen. Von Kugelautos, die der Tonne des Diogenes ähneln, bis zu antennenbestückten Weltraumschiffen haben die Kinder ihre ganz persönliche und originelle Fortbewegungsidee in Bildern dargestellt.

Während diese Gefährte sich nur in der Phantasie bewegen, können die Bauwerke aus Matador, Fischertechnik und Lego tatsächlich fahren. Die zum Spiel nötigen Verkehrszeichen kann man entweder den verschiedenen Verkehrsspielen des ADAC entnehmen oder auch selbst malen lassen.

Als besondere Attraktion kann man vielleicht ein altes Auto vom Schrottplatz oder auch auf dem Schrottplatz selbst mit viel Farbe anmalen. (Die Kinder sehen dabei gleichzeitig, was mit den alten Autos geschieht.)

Natur- und Sachbegegnung

Kinder werden sensibilisiert für das Phänomen der Bewegung.

Wir beobachten und experimentieren.

Was ist das überhaupt mit der *Bewegung*?

a) Bewegung ist abhängig von der *Kraft,* die zur Anwendung kommt: Dies probieren die Kinder sofort mit sich selbst aus. Sie versuchen ihren Freund zu bewegen. Jedes Kind spürt an sich selbst, wieviel Kraft es aufbieten muß, um den einen oder den anderen Freund zu bewegen. An einem alten Fahrrad, das wir auf den Sattel gestellt haben, wird deutlich, wie durch Druck auf die Pedale Kraft aufgebracht werden muß, um über die Kette das Hinterrad anzutreiben.

b) Bewegung ist ebenso abhängig von der *Reibung* (auch Luft kann reiben). Je stärker die Reibung ist, um so schwerfälliger ist die Bewegung und um so mehr Kraft müssen wir aufbringen, wenn wir bewegen wollen. Wir beobachten und beurteilen verschiedene Bewegungen: von gleitenden und rollenden Fahrzeugen (Schlitten — Rad) auf glattem und rauhem Bodenbelag. Zur Glättung benutzen wir ein wenig Schmierseife oder bekleben die „Straße" mit einem Tesastreifen. Die rauhe Oberfläche wird durch ein Schmirgelpapier hergestellt. Dann beobachten wir weiter die Bewegung von schweren, beladenen Fahrzeugen und die von leeren Wagen oder die Bewegung von unförmigen breiten Fahrzeugen und von solchen mit einer Stromlinienform. Es ist erstaunlich, wie viele Messungen wir mit Kreide auf dem Boden markieren und wie viele Schlüsse die Kinder daraus ziehen können.

Kinder sind in der Lage, nach der Beobachtung eines Phänomens Rückschlüsse auf seine Verursachung zu ziehen.

Kinder machen Erfahrungen mit der Zeit.

Um *Bewegung beurteilen* zu können, müßte für die Kinder der Zeitbegriff faßbar sein. Wir haben bereits etliche Male versucht, die Zeit als Veränderung des Raumes, wie sie die Kinder in diesem Alter erleben, ins Bewußtsein zu rufen. Bei der Frage, wer sich schnell und wer sich langsam bewegt, ist die *räumliche Veränderung in der Zeit* wieder aktuell. Abgesehen von der Beurteilung der verschiedensten Fahrzeugtypen nach ihrer Schnelligkeit, fragen wir nun nach der Zeit: „Wer war am schnellsten — wer brauchte die kürzeste Zeit oder wer war am langsamsten — wer brauchte die meiste Zeit?" In *Wettspielen* wird der Gedanke greifbar. Alle Faltschiffe werden an einen Faden gebunden und mit einem Bonbon beladen. Jedes Kind hält sein Schiff an seinem Faden und wickelt nun so schnell es kann den Faden um einen Bleistift. Dabei transportiert es jeweils ein Bonbon durch die Ziellinie. Die Kinder wickeln etwa so lange, wie die Zuschauer brauchen, um eine Strophe eines Liedes zu singen. Die Zeit ist also durch den Liedvers angegeben und die Schnelligkeit durch die Anzahl der in dieser Zeit transportierten Bonbons.

Musik und Bewegung
Schulung der Grob- und Feinmotorik mit Achter-Figuren.

Die Lieder sind Entspannung und Anregung zugleich. Nach der Melodie der fahrenden Eisenbahn z. B. *balancieren* die Kinder sehr aufmerksam in einer Schiene aus Wäscheleine, gelegt in der Form einer 8.

119

Verschiedene Gruppenarbeiten dokumentieren das gemeinsame Erlebnis „Straßenverkehr".

Natürlich kann man Autos, Flugzeuge und Schiffe in der perfektesten Form und ganz realistisch in jedem Spielwarengeschäft kaufen.

Wir möchten aber der Phantasie den weitest möglichen Raum lassen. Und so entstehen die bizarrsten Fahrzeuge: Wie wäre es mit einem Eierbehälter-Klorollen-Jogurthbecher-Auto? Das zusammengenagelte Schiff aus Brettresten ist sogar fahrtüchtig. Und der selbstgezimmerte Doppeldecker mit Propeller hat den großen Vorteil, daß man ihn nach jedem Sturzflug wieder selbst zusammenhämmern kann.

122

Wenn man in eine Vorstellung sehr vertieft ist, dann ordnen sich sogar geometrische Formen wie von selbst in diese Vorstellungen.

Die Kinder erzählen: Es war einmal eine sehr schöne Stadt mit vielen bunten Häusern und Gärten. Alles, was in die schöne Stadt nicht hinein gehörte, wurde auf den Müllplatz geschüttet. Die Kinder der Stadt dachten, daß es auf einem so vollen Müllplatz sicher noch etwas zu entdecken gibt. Sie fanden Metall, Räder und Schrauben. Daraus bauten sie einen Roboter. Kaum war der Roboter fertig, da rannte er einfach davon. Die Kinder hatten keine Zeit und Gelegenheit gehabt, ihm ihre Welt zu erklären. Und so passierte es, daß der Roboter bei rotem Licht über die Straße lief. Er wurde überfahren, und seine Teile kamen wieder auf den Müllplatz.

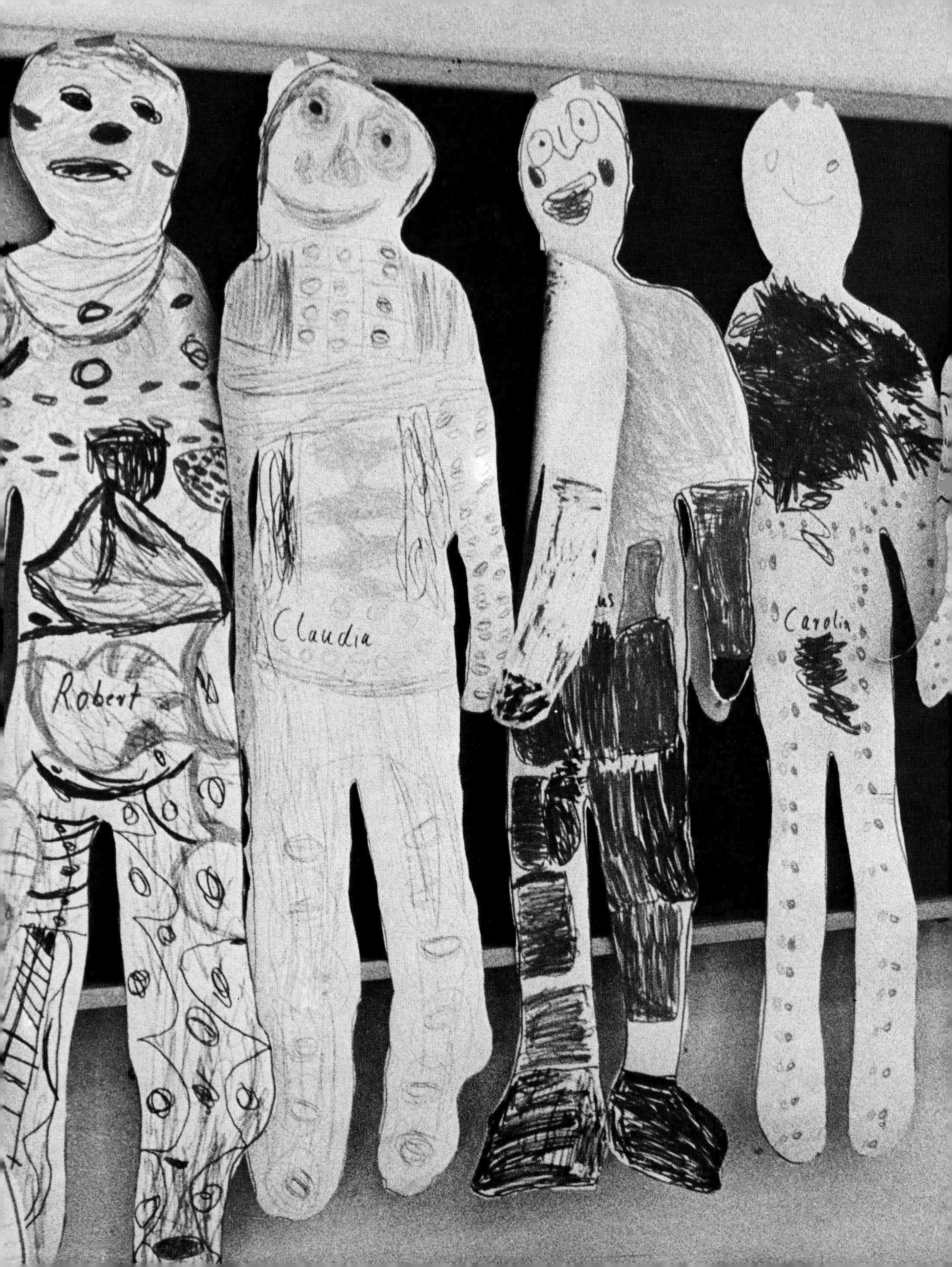
Robert
Claudia
Carolin

Andere Länder - andere Leute

Einige Garderobenhaken sind leer, einige Stühle unbesetzt und der Guten-Morgen-Kreis ist ein wenig enger als üblich. Wo sind Uwe, Oliver und Anja? „Die sind verreist", tönt es aus der Runde. „Weiß jemand, wohin sie gereist sind?" „Die machen Urlaub in Jugoslawien oder Italien oder in Spanien." Da platzt Yannif aufgeregt dazwischen. Mit einer Mischung aus deutsch, hebräisch und französisch, vor allem aber mit Händen und Füßen, versucht er uns zu sagen, wie schön es für ihn wäre, wenn Uwe, Oliver oder Anja in seine Stadt, in sein Haus, in sein Land kämen.

Andere Länder — andere Leute

Für unsere Kinder ist es längst keine Sensation mehr, *Menschen anderer Kultur und anderer Sprache, anderer Nationalität oder Rasse* zu begegnen. Tourismus einerseits und Wirtschaft zum anderen haben einen regen Austausch zwischen den Völkern bewirkt. Die Kinder haben unmittelbar daran teil. Allerdings haben die vermehrten Kontakte keineswegs in jedem Fall den Abbau von Vorurteilen und Fehlinformationen zur Folge. Völkerkundliche Klischees halten sich recht hartnäckig, finden womöglich in karnevalistischem Mummenschanz neue Nahrung und führen zu Mißverständnissen auf jeder Seite.

Sprachbezug

Kinder probieren Möglichkeiten der vorsprachlichen Kommunikation aus.

Wir versuchen zu verstehen, wie eine „Sprache" sich entwickeln kann.

Erweiterung des Wortschatzes durch Gespräche und Überlegungen zum Thema.

Wie leben Howard, Ayzit, Yannif und Manolito nun wirklich und warum leben sie so? Am auffälligsten ist die fremde *Sprache*. Zwar ist es beim Spielen nicht allzu wichtig, daß man einen Umweg über Gesten nehmen muß, um sich verständlich zu machen. Aber es ist an sich interessant, warum das kleine Spielauto etwa mit ganz verschieden klingenden Namen belegt wird, die eben doch dieses eine Spielauto meinen. Wir finden ein neues Wort, mit dem wir uns alle verstehen. „Tut" heißt nun für eine Weile unser Auto. Wir finden andere „Wörter" für die verschiedensten Gegenstände und haben bald eine Art Gruppensprache. Es ist unsere Geheimsprache.

Ebenso beschäftigt die Kinder das Phänomen der *Hautfarbe*. Wir überlegen, wie sich unsere eigene Hautfarbe verändern kann. Blaß und bleich sehen wir aus, wenn wir das Zimmer hüten müssen. Den letzten Sonnenbrand haben die Kinder auch nicht vergessen, und erst als die Haut dann nicht mehr krebsrot, sondern schön braun war, konnten sie die Sonne wieder vertragen. Wie gut, daß die Menschen, die ständig in der Sonne leben, von vornherein mit einer braunen Haut geboren sind.

Vom Wetter, ganz allgemein betrachtet, ist auch die *Kleidung* der Menschen abhängig. Warum haben die Eskimos wattierte Fellkleidung? Die Kinder suchen und finden Gründe für die verschiedensten Bekleidungsweisen. Die eine oder die andere Kleidung ist nun nicht mehr nur komisch, sondern sie ist vernünftig und sinnvoll.

In der gleichen Weise suchen wir den Zugang zu weiteren Fremdartigkeiten. Wir greifen auf, was unseren Kindern in Büchern, in Berichten oder auf eigenen Reisen aufgefallen ist. Sei dies nun der *Hausbau* oder seien es die *Eßgewohnheiten*. Immer suchen wir nach einer Begründung im Lebensraum. So erscheinen Tatbestände, vor denen man zuvor verständnislos oder gar abwertend stand, in einem neuen Licht. Bei glühender Mittagshitze etwa wird jeder vernünftige Mensch eine ausgedehnte Siesta halten, und nur ein Dummkopf wird ihn deshalb für faul erachten.

Literaturkontakte

Es macht Freude, fremde Lebensgewohnheiten auszuprobieren. Wir essen mit Stäbchen, verständigen uns mit Trommel- oder Pfeifsprache, wohnen in Zelten und lesen beim Schein des Lagerfeuers: „Kinder gibt es überall" (K. Eberlein), „Navai" (E. Fuchs), „Norika San" (A. Lindgren), „So leben Kinder in anderen Ländern" in: „Von Kirschendieben" (E. Helm), „Reisepudel Archibald" (J. Krüss), „Land und Leute" (Tessloff-Reihe), „Mein erster Atlas" (A. Gree).

Natur- und Sachbegegnung

Kinder lernen den Globus — das Modell unserer Erde — kennen.

Wo wohnen die Menschen, von denen hier die Rede ist? Im Gruppenraum steht ein großer Globus, auf dem wir ein wenig zu lokalisieren versuchen. Wohl suchen die Kinder Länder und Meere auf, sind neugierig, ob der eigene Wohnort zu lesen ist, aber das volle Verständnis für die Gestalt oder Gestaltung der Erde, wie sie der Globus zeigt, ist sicher nicht zu erwarten. Die Größenverhältnisse sind so unvorstellbar, daß eine Übertragung von dem handlichen Gebilde „Globus" auf die Wirklichkeit nicht möglich ist. Ebenso kann die Projektion landschaftlicher Höhen und Tiefen in die Ebene der Zeichnung ganz eindeutig nicht vollzogen werden. Was dann aber bringt uns dieses Spiel mit dem Globus?

Wir erfahren, daß das Wasser ein wesentliches Element unseres Daseins ist.

a) Schwimmende und nicht-schwimmende Dinge.
b) Eigenschaften des Wassers (Oberflächenspannung).
c) Kreislauf des Wassers.

Neben dem ersten Vertrautwerden erkennen die Kinder, daß viel Wasser auf der Erde sein muß.

Wasser ist etwas Wunderschönes! Was kann man alles damit anfangen! Trinken, plantschen, waschen und schwimmen.

Wir beobachten, *was schwimmen kann und was nicht schwimmen kann.* Zu unterscheiden ist dabei das Schwimmen von festen Stoffen (Holz, Papier, Kork, Gummi usw.), das Schwimmen von Hohlkörpern und das Schwimmen von flüssigen Stoffen (Öl). Da bleibt keine Hose trocken, und der Fußboden schwimmt gleich mit, bis schließlich die Reihe der schwimmenden und nicht-schwimmenden Gegenstände festgestellt ist.

Ein wenig „Zauberei" gehört noch dazu: „Ich werde ein Metall zum Schwimmen bringen!" Erwartungsvolle Stille! Ich lege vorsichtig eine Rasierklinge flach auf die Wasseroberfläche. Die Rasierklinge schwimmt, und wenn man genau hinschaut, sieht man die sich spannende „Haut" der Wasseroberfläche, die die Klinge trägt. Jedes Kind will einmal zaubern, und jetzt plantscht und spritzt es gar nicht mehr. Die Kinder hantieren konzentriert und überaus vorsichtig. „Man darf auch gar nicht so viel Wasser herumspritzen, sonst ist es auf einmal alle!" Es geht ein aufgeregtes Rätselraten an, wann und weshalb Wasser versiegen könnte. Schließlich haben wir den *Kreislauf des Wassers* fast lückenlos festgestellt und versuchen, ihn mit Hilfe eines Dampftopfes in der Küche im Kleinformat zu demonstrieren. Beobachtungen nach einem Sommerregen erweitern und vertiefen die Überlegungen: Wir sehen, wie an einer Stelle die Regentropfen in den Boden versickern und wie auf der geteerten Straße die Pfütze in der Sonne verdunstet. Je nach Gelegenheit, Lust und Laune besuchen wir Brunnen, Quellen und ein Wasserwerk. Hier erzählt ein geduldiger Ingenieur den Kindern, wie das Wasser von dort direkt in unsere Haushalte geleitet wird. Es wird uns allen sehr deutlich, wie sehr wir unser Wasser, unser *sauberes Wasser,* brauchen.

Von schmutzigem Wasser werden natürlich besonders hart alle im Wasser lebenden Pflanzen und Tiere betroffen. Wir haben ein Aquarium in den Gruppenraum gestellt und sind froh, daß unsere Fische vor einer solchen Not bewahrt bleiben.

Sozialbezug

Kinder erleben, daß das Zusammenleben der Tiere von Naturgesetzmäßigkeiten bestimmt ist.

Unsere Fische scheinen aber ganz andere Sorgen zu haben. Wütend greift einer alles an, was sich seinem Unterschlupf nähert. *Er verteidigt sein Revier.* Ganz ähnlich reagiert die zahme Maus, der wir versuchsweise eine junge Feldmaus als Einquartierung zumuten. Solange die junge Feldmaus ihre eigenen Wege geht, beobachten wir völlige Harmonie. Sobald die Feldmaus es jedoch wagt, die kleine Nase in das Haus der zahmen Maus zu stecken, beginnt eine wütende Beißerei. Die Kinder ergreifen sehr nachdrückliche Partei. „Unsere zahme Maus ist bös, sie hat die kleine Feldmaus gebissen." „Nein, sie will nur nicht, daß ein Fremder ihr Haus besetzt." „Die Feldmaus ist frech, sie geht überall hin, sogar in das Haus der zahmen Maus." „Ach wo, woher soll die wissen, wem das Haus gehört." Was würden wir tun, wären wir in der Mäusesituation? Alle Kinder sind sich einig, daß man *miteinander reden* sollte. Wie gut, daß wir Menschen miteinander reden können! Ob wir bei dem nächsten Streitanlaß daran denken? (Grundlegende Information zur Problematik des Streitens siehe Literaturverzeichnis.)

Kinder stellen fest, daß Menschen die Kraft, die Fähigkeit und die Freiheit haben, sich aus solchen Gesetzmäßigkeiten herauszulösen.

Der Fisch und die Maus haben beide einen Anlaß für ihren Streit. Sie verteidigen ihr Revier und ihren ganzen Lebensraum. Zm Leben gehört vor allen Dingen die Nahrung, die der Lebensraum ausreichend spenden muß. Nun ist das mit dem „ausreichend" so eine Sache. Manchmal reicht die Nahrung tatsächlich nicht aus oder ist ungerecht verteilt. Wir kennen aber auch einige unter uns, die vor allem auf Gummibärchen einen nie zu stillenden Hunger haben.

Kinder werden sensibilisiert, Wege zu suchen, wie man z. B. Streit vermeiden kann.

Damit aus einem echten Hunger nicht Traurigkeit oder Neid, vielleicht auch Streit oder sogar Krieg entsteht, versuchen wir in der Gruppe eine „Aktion Gummibärchen für alle" zu organisieren, gerade so wie die Erwachsenen die Aktion „Brot für die Welt".

Musik und Bewegung

Wir hören Musik anderer Völker.

Wenn große und kleine Leute sich über Worte und Gesten nicht recht verstehen, dann finden sie über die Musik sicher zusammen. Wir hören *Musik anderer Völker* und versuchen mitzusingen, wenn Ayzit türkische, Yannif israelische und Howard englische Lieder singt. Platten: Sleep-Time (Pete Seeger, Folklore records — service cooperation USA/FC 7525), Songs to grow on (Woody Gutherie, Folkway records — service cooperation USA/FC 7015), Sjuny med os Mamma (Alice Titti, Interdisc Stereo ILPS 125).

Kinder versuchen, auf fremden Instrumenten bekannte Klänge und Rhythmen zu spielen.

Wir probieren Trommeln und Castagnetten rhythmisch nach den verschiedensten Motiven zu schlagen. Und wir rufen fremdländische Tiere: Lö - we, Ka - ka - du, Bril - len - schlan - ge . . .

Dann teilen wir uns per Trommeltelefon mit, was es in unserer internationalen Küche heute geben wird: Reis, Bam - bus - spros - sen, Pil - ze . . .

Internationale Kinderlieder

Bekannte Kinderlieder wären etwa:
„Sur le pont d'Avignon . . ." (Wir kleinen Sänger, S. 158)
„Bluebird, bluebird . . ." (Wir kleinen Sänger, S. 159)
„Chinesisches Lied" (Ludi musici, S. 115)

Bildnerisches Gestalten

Wir basteln typische Bekleidungsstücke, typische Musikinstrumente und typische Spielmaterialien.

Kinder singen überall, und Kinder spielen überall. Zum Abschluß unserer großen Reise rund um den Globus versuchen wir *Spiele* zusammenzustellen, die *aus anderen Ländern* zu uns gekommen sind. Wir entscheiden uns für ein Mikadospiel, das wir aber variieren wollen. Jedes Kind der Gruppe malt dafür einen etwa 60 cm langen Rundholzstab (Durchmesser 1 cm) in Mikadoart an. Für dieses Riesenmikado, das wir auf dem Fußboden spielen müssen, brauchen wir Konzentration und Geschicklichkeit des ganzen Körpers.

Kinder erfahren, daß man mit Bildern erzählen kann,
a) was man fühlt (Kälte, Hitze, Schwüle . . .)
b) was man sieht (Sonne, Regen, Blitze, Wolken)

Um jedem Spiel den rechten Hintergrund zu geben, malen die Kinder in kleinen Gruppen Kulissen mit verschiedenen Landschaften. Einmal brennt die Sonne heiß und trocken über der Wüste, dann brütet sie über sumpfigem Gelände, und schließlich lassen wir sie über Eis und Schnee gar nicht erst aufgehen. Wenn die Kulissen aufgestellt sind, trägt uns die Phantasie wie selbstverständlich zu allen unseren Freunden in den gewünschten Erdteil, und wir gestalten mit ihnen den letzten Tag unseres gemeinsamen Spieljahres.

Gestaltung eines Festes.

Eigentlich ist es ein Tag wie jeder andere. Wir sagen Ja zu den Plänen der Kinder, bieten Vorschläge und schaffen Anreize. Wir ermutigen die Unsicheren und Ängstlichen, spornen Müde an, bewahren die Ruhe bei allzu Waghalsigen und Übermütigen und machen die Träumenden neugierig auf die Wirklichkeit. Und doch ist an diesem Tag, wenn die Tür hinter dem letzten Kind zuschlägt, die Stille stiller als sonst.

Im Spiel bringen wir den Kindern nahe, daß unser Freundeskreis durch seine Vielfalt eine Bereicherung erfährt. Alle kennen das Suchspiel im Sandkasten: Da graben sich in eine Sandburg die Hände der Kinder von allen Seiten hinein. Unter der Burg, tief im Sand, trifft sich die eine mit der anderen Hand. Wer mag es sein? Ein eindeutiges Merkmal gibt es nicht, und doch errät man stets, welchen Freund man an der Hand hält. Vielleicht an seinem Lächeln?

Die Kinder lernen fremde Sitten und Gebräuche kennen, wie etwa das Essen mit Stäbchen.

Bei dem Versuch, bisher fremde Klänge wiederzugeben und zu interpretieren, erleben die Kinder, daß es keines Dolmetschers bedarf. Denn Freude oder Kummer sprechen uns aus Tönen alle in gleicher Weise an.

Die selbstgebaute Waschmitteltrommel trägt den Rhythmus bis in die äußersten Winkel, und das zarte Xylophon erinnert an ein Koto. Wir versuchen japanische Kinderlieder mit ihm zu begleiten.

Literaturhinweise

Allgemeine Grundlage

Aebli, Hans: Psychologische Didaktik. Klett, Stuttgart 1963

Arbeitsausschuß Gutes Spielzeug e. V.: Gutes Spielzeug von A—Z. 13. Aufl., Maier, Ravensburg 1974

Arbeitskreis Vorschulerziehung: Anregungen I und II zur pädagogischen Arbeit im Kindergarten. Juventa, München 1973

Arndt, Marga: Didaktische Spiele. Klett, Stuttgart 1971

Barres, Egon: Erziehung im Kindergarten. Beltz, Weinheim 1972

Belser, Helmut u. a.: Curriculum-Materialien für die Vorschule. Beltz, Weinheim 1973

Bernstein, Basil: Familienerziehung, Sozialschicht und Schulerfolg. Beltz, Weinheim 1971

Brunn, Ulla-Britta: Das Vorschulkind. Beltz, Weinheim

Callies, Elke: Vorschulerziehung, Elemente moderner Pädagogik. Coppenrath, Münster 1970

Dau, Renate: Projekt „head start" in Kritik und Gegenkritik, in: Zeitschrift der Pädagogik 1971/17, S. 507—515

Flitner, Andreas: Spielen-Lernen, Praxis und Bedeutung des Kinderspiels. Piper, München 1972

Glaser, Leopold: Schule vor der Schule? Vorschulerziehung — Abschied von der Bewahranstalt. Schwann, Düsseldorf

Hechinger, Fred M.: Vorschulerziehung als Förderung sozial benachteiligter Kinder. Klett, Stuttgart 1970

Hederer, Josef: Handbuch für den vorschulischen Erziehungsbereich. Don Bosco, München 1972

Heiliger, Anita: Angst — Ursachen und Folgen kindlicher Ängste. Klett, Stuttgart 1972

Harde, Otto; Siersleben, Wolfdietrich: Lernen im Vorschulalter. Schroedel, Hannover 1970

Hoenisch, Nancy u. a.: Vorschulkinder. Klett, Stuttgart 1969

Hoffmann, E.: Vorschulerziehung in Deutschland, historische Entwicklung im Abriß. Witten 1971

Hornstein, W.: Die Erziehungs- und Bildungsaufgaben im Kleinkindalter, in: Jugendwohl 12/1970

Iben, Gert: Kompensatorische Erziehung, Analyse amerikanischer Programme. Juventa, München 1972

Kietz, Gertraud: Entwurf eines Rahmenplans für die Erziehungs- und Bildungsarbeit im Kindergarten. Reinhardt, München 1972

Launer, I.: Persönlichkeitsentwicklung im Vorschulalter bei Spiel und Arbeit. Lernziele der Gesamtschule. Klett, Stuttgart 1969

Lidz, Theodore? Das menschliche Leben, Bd. I u. II. Suhrkamp, Frankfurt 1970

Lückert, H.-R.: Begabungs- und Bildungsförderung im Vorschulalter. München 1967

Moeller-Andresen, Ute: Das erste Schuljahr. Klett, Stuttgart

Montada, Leo: Die Lernpsychologie Jean Piagets. Klett, Stuttgart 1970

Robinson, H. F.: Neue Wege im Kindergarten. Hyperion, Freiburg 1968

Sagi, Alexander: Der Freiburger Modellkindergarten. Lambertus, Freiburg 1970

Schmalohr, E.: Den Kindern eine Chance. München 1971

Stelly, Gisela: Die Dummen und die Klugen. Kinder und was man aus ihnen machen kann. Bertelsmann, Gütersloh

Tausch, R.; Tausch, A.: Erziehungspsychologie. Verlag für Psychologie, Hogrefe, Göttingen 1970

Trouillet, B.: Die Vorschulerziehung in neun europäischen Ländern. Beltz, Weinheim 2. Aufl. 1968

Winy, Lorna: Das autistische Kind. Maier, Ravensburg

Winn, Marie; Porcher, Mary Ann: Vorschule zu Hause. Mütter organisieren Spielgruppen. Klett, Stuttgart 1972

Zulliger, Hans: Die Angst unserer Kinder. Fischer, Frankfurt

Sozialerziehung

Fechner-Mahn, Anneliese: Sozialisation des Kleinkindes. Tübingen 1973

Henningsen, Franziska: Kooperation und Wettbewerb — Eine Alternative in der Vorschulerziehung. dtv, München 1973

Hundertmarck, Gisela: Soziale Erziehung im Kindergarten. Klett, Stuttgart 1971

Nitsch, Cornelia; Siersleben, Wolfdietrich: Kontakte. Kinder unter sich — Kinder und Erwachsene. Friedrich, Velber 1972

Sprache

Bittner, Günther: Sprache und affektive Entwicklung. Klett, Stuttgart 1969

Gahagan, Denis: Kompensatorische Spracherziehung in der Vor- und Grundschule. Schwann, Düsseldorf 1971

Gösler/Geissler: Die fröhliche Sprechschule. Berlin 1971

Hechinger, Fred M.: Vorschulerziehung als Förderung sozial benachteiligter Kinder. Klett, Stuttgart 1970

Lews, M. M.: Sprache, Denken und Persönlichkeiten im Kindesalter. Schwann, Düsseldorf 1970

Peukert, K. W.: Sprachspiele für Kinder. DVA, Stuttgart 1973

Rettich, M.: Was ist hier los? Maier, Ravensburg 1972

Seemann, M.: Sprachstörungen bei Kindern, in: Volk und Gesundheit. Berlin (DDR) 1969

Schmalohr, Emil: Frühes Lesenlernen. Quelle + Meyer, Stuttgart 1973

Stengel, Ingeburg: Sprachschwierigkeiten bei Kindern. Klett 1974

Wygotski, W. L.: Sprechen und Denken, Frankfurt 1969

Kognitive Funktionen

Bray, S.; Clausard, M.: Mathematische Spiele mit Sabine und Martin (Stufe I), mit Andrea und Uli (Stufe II). Klett, Stuttgart

Dietrich, Klaus: Intelligenz läßt sich lernen. Klett, Stuttgart

Gieding, H.: Denke mit. Klett, Stuttgart

Kothe, Siegfried: Denken macht Spaß. Herder, Freiburg

Piaget, Jean: Die Bildung des Zeitbegriffes beim Kind. Rascher, Zürich 1955

Piaget, Jean: The child's Conception of number. Humanities Press 1964

Piaget, Jean: Die Entwicklung des Zahlbegriffs beim Kind. Klett, Stuttgart 1969

Piaget, Jean: Die Entwicklung der physikalischen Mengenbegriffe beim Kinde. Klett, Stuttgart 1969

Piaget, Jean: Wie Kinder mathematische Begriffe bilden, in: Graumann, Heckhausen, Päd. Psychologie, Grundlagentexte. Fischer 1973

Picard, Nicole: Von der Menge zur Zahl. Klett, Stuttgart

Sharp, E.: Denken — ein Kinderspiel. Klett, Stuttgart 1970

Naturbegegnung, Physik, Chemie, Biologie

Arndt, M. u. a.: Die Natur erlebt und beobachtet mit Vorschulkindern. Volk und Wissen, Berlin (DDR) 1969

Becker, Antoinette: Kinder fragen nach Gott. Grünewald, Mainz 1966

Graeb, Gerhard: Wissen schafft Freude. Don Bosco, München

Hegeler, Sten: Wie ist das eigentlich, Mutter? Reinhard, München/Basel 1968

Klewitz/Wittgen: Messen in der Vorklasse. Lehrmittelanstalt Köster, München 1974

Koch, Friedrich: Negative + positive Sexualerziehung. Quelle u. Meyer, Heidelberg 1971

Press, Hans-Jürgen: Spiel — das Wissen schafft. Ravensburger-Taschenbuch Nr. 26

Press, Hans-Jürgen: Luft, Wasser, Wärme, Schall — hier und da und überall. Herder, Freiburg

Press, Hans-Jürgen: Licht, Strom, Magnete, Fall hier und da und überall. Herder, Freiburg

Wagenschein, M. u. a.: Kinder auf dem Wege zur Physik. Klett, Stuttgart 1971

Zittelmann, A., und Carl, Th.: Didaktik der Sexualerziehung. Beltz, Weinheim/Berlin 1971

Verkehr, Straße, Umwelt

Brudny, Wolfgang: Pamfireihe, Rot-Gelb-Grün, Braunschweig

Gorges, Roland: Zur Didaktik der Verkehrserziehung im Vorschulalter, in: Blätter des Pestalozzi-Fröbel-Verbandes 24, 1973 (2) S. 46—54

Vortisch, Karla: Vorschulkinder erleben ihre Umwelt. Klett, Stuttgart 1972

Musik und Bewegung

Abel-Struth, S.: Musikalischer Beginn in Kindergarten und Vorschule, Bd. I u. II, Bärenreiter, Kassel 1970 u. 1972

Braunschweiger Liederbuch, Bd. I, Schulbuchverlag, Wolfenbüttel

Glathe, Britta: Stundenbilder für Rhythmische Erziehung. Kallmeyer, Wolfenbüttel 1972

Glathe/Seifert: Rhythmik für Kinder. Wolfenbüttel 1971

Keller, Wilhelm: Ludi musici. Fidula, Boppard 1970

Kiphard/Huppertz: Erziehung durch Bewegung. Bonn 1971

Klein, Richard Rudolf: Willkommen, lieber Tag. Diesterweg, Kassel Bd. I 1964, Bd. II 1969

Küntzel-Hansen, Margit: Klänge-hören, lesen, zeichnen. Velber Verlag, Velber 1971

Lautwein, Theo; Maria Sack: Sport + Spiel = Spaß + Gesundheit. Eltern üben mit Vorschulkindern. Klett, Stuttgart 1972

Metzger, J.: Das Liederkarussell

Noak: Musik für Vorschulkinder

Platten: Die Weihnachtsgeschichte (Orff), Konzert für junge Leute (Bernstein), Peter und der Wolf (Prokofieff), Wir bauen eine Stadt (Hindemith)

Zauner, R.: Turnen mit Kindern, Maier, Ravensburg

Bildnerisches Gestalten

Gibney, Harrie: Mutti, was soll ich jetzt tun? Maier, Ravensburg

Grabiansski, J.: Das große Buch für unsere Kleinen. Ueberreuter, Heidelberg

Huber, Johanna: Das Buch der Kinderbeschäftigungen. Maier, Ravensburg

Huber, Johanna: Lustiges Papierfaltbüchlein. Maier, Ravensburg

Kampmann, Lothar: Ravensburger Kindermalschule. Maier, Ravensburg 1971

Kowalski, Klaus: . . . fertig ist das Mondgesicht — Zeichnen, Malen, Formen, Bauen mit Kindern. Klett, Stuttgart 1972

Lammer, Jutta: Kinder basteln Geschenke. Maier, Ravensburg

Leippe, Ulla: Was Kinder gerne basteln. Süd-West, München

Schütze, Sigrid: Spielzeug aus wertlosem Material. Maier, Ravensburg

Seitz, R.: Zeichnen und Malen mit Kindern — Vom Vorschulalter bis zum 7. Lebensjahr. München 1968

Voss, Günther: Knaurs Bastelbuch. Droemer, München 1959

Zechlin, Ruth: Fröhliche Kinderstube. Maier, Ravensburg

Spiele, Feste . . .

Berg, v. d.; Casper: So spielen sie in Europa. Spectrum

Carp, Emma: Feste mit Kinder. Maier, Ravensburg

Kreuzer, Rolf: Spiele mit behinderten Kindern. Kemper

Künne: Kinder spielen. Ergen, Frankfurt 1972

Richey, Kristina: Singen, spielen, basteln. Kaysersche Verlagsbuchhandlung, München

Zechlin, Ruth: Kleines Spielbuch für Regen- und Krankheitstage. Maier, Ravensburg

Anregungen für die Kinderbücherei

Agostinelli, M.: Ich weiß ewas, was Du nicht weißt. Ellermann, München 1969

Andry, A.: Woher die kleinen Kinder kommen. Timelife International, Neckarland N. V.

Bachmann, I.: Hier und da. Ein Atlas für Kinder, die noch nicht wissen, was ein Atlas ist. Friedrich, Velber 1971

Bären-Reihe: Mützli guckt in die Welt. — Gumpi, der Springinsfeld. — Gixli, das Gemsenkind. — Niggi, der kleine Eisbär. — Hoppi hilft Bambi. — Foxli lernt jagen. — Stelzli fliegt nach Afrika. — Yanki, der lustige Waschbär. Bärenverlag der VDB Bern — Auslieferung in Deutschland über Heering, München

Baumann-Leutz: Ein Brief nach Buxtehude. Betz, München

Baumann, A.: Die Feuerwehr hilft immer. Betz, München 1970

Baumann, Hanns: Fenny. Betz, München

Becker, A.; Niggemeyer, E.: Ich bin jetzt im Krankenhaus. Maier, Ravensburg

Bennelmanns/Krüss: Madeline. Maier, Ravensburg

Bienath, J.: Große Leute — kleine Leute. Dominoverlag, München

Blecher, Wilfried: Wo ist Wendelin? Beltz, Weinheim 1970

Borchers, E.: Und oben schwimmt die Sonne davon. Ellermann, München 1969

Brill, B.: Wer kennt die Farben? Betz, München

Burningham, J.: Trübloff, die Maus, die Balalaika spielte. Maier, Ravensburg 1972

Burningham, J.: So geht das Jahr durchs Land. Maier, Ravensburg

Carle, E.: Die kleine Raupe Nimmersatt. Stalling, Oldenburg 1970

Classen, G.: Die Uhr. Maier, Ravensburg

Eberlein, K.; Weber, M.: Kinder gibt es überall. Domino, München

Egner: Karius und Baktus. Blanvalet, Berlin.

Ferglova: Dein kleines Ich von Kopf bis Fuß. Süd-West, München

Fromm, Lilo: Pumpernick und Pimpernell. Ellermann, München 1970

Fromm, Lilo: Heut wandern wir zum Zoo. Stalling, Oldenburg

Fuchs: Apollo 11. Ellermann, München

Fuchs, E.: Navai (Indianer). Ellermann, München

Galler, Helga: Der kleine Narino. Ensslin-Laiblin, Reutlingen

Gree, A.: Heidi und Peter und die Schiffe. Boje, Stuttgart

Gree, A.: Mein erster Atlas. Boje, Stuttgart

Gree, A.: Auf der Erde, auf dem Wasser und in der Luft. Tessloff

Gree, A.: Tom schützt die Umwelt — Reihe: Tom und seine Welt. Carlsen, Hamburg

Gree, A.: Heidi und Peter am Meer — Sachreihe: Heidi und Peter. Boje, Stuttgart

Grüttner, R.: Das Häschen und die Rübe. Parabel, München

Guggenmoos, J.; Lucht, S.: Alle meine Blätter, Middelhauve, Köln

Harn, W.; Andresen, W.: Warum ist das Wetter so? Maier, Ravensburg

Heuck, S.: Roter Ball und Katzendrache. Betz, München

Heuck, S.: Schnipsel im Wind. Betz, München

Heyduck-Hutz, Hilde: Onkel Tobi. Bertelsmann, Gütersloh 1971

Hille-Brandts, L.: Fahrzeuge, Maier, Ravensburg

Janosch: Kommt in den Wald. Maier, Ravensburg

Janosch: Bi-ba-Bäcker. Betz, München

Janosch: Apfelmännchen. Parabel, München

Janosch: Lari, Fari, Mogelzahn. Beltz, Weinheim/Basel 1971

Krüss, J.: Der Jesa mit der Zauberfibel. Parabel, München 1970

Krüss, J.: Herr Wurzel und sein Karussell. Parabel, München 1968

Krüss, J.: Reisepudel Archibald. Boje, Stuttgart

Krüss, J.: Henriette Bimmelbahn, Boje, Stuttgart

Kube, H. v.: Eine Woche mit dem Großvater. Dominoverlag, München

Lemke: Hurra, ein Auto. Betz, München

Lindgreen, A.: Lasse aus Odarne. Oettinger, Hamburg

Lindgreen, A.: Norika San. Oettinger, Hamburg

Lionni, Leo: Swimmy. Middelhauve, Köln 1972

Lionni, Leo: Das kleine Blau und das kleine Gelb. Oettinger, Hamburg 1968

Lionni, Leo: Frederik. Middelhauve, Köln

Lionni, Leo: Die grüne Uhr. Ellermann, München

Lucht, Irmgard: Kinder heut ist Wochenmarkt. Stalling, Oldenburg

Maillard, K.: Der Apfel und der Schmetterling. Ellermann, München

Mari: Vom Gras zur Butter, vom Korn zum Brot, von der Rübe zum Zucker, vom Schaf zum Schal. Sellier, Freising

Mari: Henne und Eier. Ellermann, München

Meier-Albert/Leisegang: ABC und Phantasie. Ravensburger Taschenbücher, Nr. 23

Mitgutsch: Bei uns im Dorf. Maier, Ravensburg

Mitgutsch: Komm mit ans Wasser. Maier, Ravensburg 1971

Mitgutsch: Rundherum in meiner Stadt. Maier, Ravensburg

Nußbaumer: Der Bauernhof. Atlantis, Zürich

Quadflig, J.: Unsere Mutter kriegt ein Baby. Paulinis, Trier

Rettich: Hast Du Worte. Maier, Ravensburg 1972

Schroeder, Binette: Florian und Traktor Max. Nord-Süd, Mönchaltof

Sendak, Maurice: Wo die wilden Kerle wohnen. Diogenes Verlag, Zürich 1967

Süßmann, Chr.: Ein riesen-riesen großer Kran. Boje, Stuttgart

Süßmann, Chr.: Der kleine Michael. Boje, Stuttgart

Tessloff: Land und Leute, Japan, Korea, Kanada, Arktis, Nord- und Südafrika. Hamburg

Thun, R.: Brot. Maier, Ravensburg

Valentin, V.: Herr Minkepatt und seine Freunde. Middelhauve, Köln

Woeller, L.: Ali der Igel. Kriftel, Frankfurt

Bücher für die Arbeit im Kindergarten

Gerd Grüneisl
Spielen mit Gruppen
Einleitung: Lothar Krappmann

Bildband, 152 Seiten, Großformat, kart. (92298)

Dieses Buch ist eine Anstiftung für Eltern und Erzieher zum Spielen, zum Planen und Organisieren von Spielsituationen. Viele Bereiche der Wirklichkeit können im Spiel erfahren werden. Kinder spielen ihre Familie, ihre Nachbarn, den Hausmeister von nebenan, sie spielen Modenschau, Schule, Fernsehen und Stadt. Und indem sie spielen, setzen sie sich zwanglos mit der Erwachsenenwelt auseinander, lernen sie, sich selbst darzustellen, frei zu sprechen, verlieren sie Hemmungen, verarbeiten sie Ängste und üben sie soziales Verhalten.

Alle Spielvorschläge in diesem Buch sind mannigfach erprobt. Eine Fülle von Anregungen für Eltern und Erzieher in Kindergarten, Schule und Jugendarbeit.

Ute Moeller-Andresen/Susanne de Haën-Schwarz
Das erste Schuljahr
Unterrichtsmodelle

Bildband, 160 Seiten, Großformat, kart. (92594)

Die Autorin hat das Schuljahr unter ganz „normalen" Bedingungen durchgeführt: staatliche Schule, große Klasse, viele Gastarbeiterkinder, kleiner Raum, keine finanzielle Unterstützung, die „Diktatur des Üblichen".

Der anschauliche Bildband bringt zahlreiche Großfotos und ausführliche Texte, die mitten in das Unterrichtsgeschehen hineinführen. Detaillierte Protokolle über Unterrichtsverläufe zeigen, wie lebendig hier der Stoff angefaßt und wie begeistert er aufgenommen wurde.

„Ein Buch, das zur Standardlektüre eines jeden Kindergartens und einer jeden Grundschule gehören sollte. Man wünscht es sich gerade auch in die Hand derjenigen Erzieher, die Impulse erwarten für ihr Bemühen um eine notwendige Kooperation zwischen Kindergarten und Grundschule." (Welt des Kindes)

Hildegard Immisch
Malen — Hilfe für Kinder

120 Seiten mit 16 Seiten farbige Abbildungen, kart. (92419)

Malen und Gestalten mit gesunden, verhaltensgestörten und behinderten Kindern — Malen als Ventil, als Mittel zur Verarbeitung von Konflikten, Stimmungen, Affekten.

Malkurse als Gegenpol zur Leistungsforderung. Kinder malen viel von dem, was sie bedrängt, und anschließend können sie frei darüber sprechen und so besser Ängste und Aggressionen abbauen.

In den 10 Stunden dieses Malkurses mit Kindern bekommt der Leser Einblick in den kontinuierlichen Aufbau. Er erhält Hinweise auf den Umgang mit Materialien und die Einführung von Techniken. Ferner wird in einem Elternseminar anhand der Zeichnungen über die Probleme der Kinder gesprochen, da sonst jede Arbeit mit Kindern Stückwerk bleibt. Der Erfolg hängt schließlich entscheidend von der positiven Einstellung und der Beteiligung der Eltern ab.

Margrit Küntzel-Hansen
Musikkurs für Kindergärten

27 Protokolle
114 Seiten mit Abbildungen, kart. (92505)

Die Kindergärtnerin bekommt hier eingehende methodische Hinweise für die musikalische Früherziehung, für den Aufbau eines „Kurses" und den Ablauf der einzelnen Stunden während eines Jahres. Thematisch umfaßt das Buch alle nur denkbaren Aspekte musikalischer Früherziehung: Klangunterschiede, Hörenlernen, Bewegung und Malen zu Schallplattenmusik, Klangspielzeuge und Geräuschwerkzeuge werden gebastelt, Malen und Abspielen einer „Partitur", Kinder lernen Musikinstrumente kennen, Umgang mit dem Kassettenrecorder usw.

Marga Arndt und andere (Hrsg.)
Didaktische Spiele

6. Auflage 1974, 164 Seiten, kart. (92189)

Klett Extra für Eltern — auch für Kindergärtnerinnen

Klaus Kowalski
. . . fertig ist das Mondgesicht

Zeichnen, Malen, Formen, Bauen mit Kindern

166 Seiten mit farbigen Abbildungen, kart. (92981)

Welche Bedeutung die bildnerische Erziehung für die Förderung der Vorstellungskräfte, der Phantasie und des Ideenreichtums eines Kindes hat, ist gewiß jeder Kindergärtnerin bewußt. Aber wie schwierig ist es oft, Mütter davon zu überzeugen, daß sie — nur um einige Beispiele zu nennen — ihrem Kind Freiheit, Raum und Mittel geben müssen, daß sie nicht vorschnell eingreifen dürfen, wenn ihr Kind experimentiert, daß Kinder „schöpferische Unordnung" brauchen, daß Kinder nicht um des Ergebnisses willen spielen, daß Phasen des Mißlingens durchaus positives Anzeichen sein können.

Dieses Buch bietet der Kindergärtnerin alle Hilfen für das Gespräch, aber auch viele neue Anregungen für ihre eigene Arbeit mit den Kindern.

Margrit Küntzel-Hansen
Musik mit Kindern

Versuche mit Geräusch und Klang

143 Seiten mit zahlreichen Abbildungen, kart. (92986)

Dieses Buch ist die ideale Ergänzung zu Küntzel-Hansen „Musikkurs für Kindergärten". Die verschiedenen Aspekte musikalischer Früherziehung sind hier thematisch zusammengefaßt: Geräusche hören, erkennen, nachahmen; Umgang mit Schallerzeugern; Spiele mit Geräuschen und Tönen; Musik hören; Zeichen für Klänge; Klingende Tapete, Geräuschbilderquiz. Eine Fülle von Anregungen — z. B. wie man Geräuschinstrumente selbst herstellt, was man mit Musikinstrumenten alles machen kann, wie man Musik aufzeichnet —, sowie Vorschläge für Schallspiele geben der Kindergärtnerin die Möglichkeit, den „Musikkurs" immer wieder interessant abzuwandeln.

Theo Lautwein/Maria Sack
Sport + Spiel = Spaß + Gesundheit

Eltern üben mit Vorschulkindern

104 Seiten mit Abbildungen, kart. (92973)

Klaus Dietrich
Intelligenz läßt sich lernen

Was Eltern über die geistige Entwicklung ihrer Kinder wissen müssen

160 Seiten mit Abbildungen, kart. (92970)

Karla Vortisch
Vorschulkinder erleben ihre Umwelt

Selbstbedienungsladen, Verkehr, Wohnen

141 Seiten mit zahlreichen Abbildungen, kart. (92975)

Selbstbedienungsladen, Verkehr, Wohnen — selbstverständlicher Alltag für uns alle. Ist aber diese Welt der Erwachsenen auch für Vorschulkinder verständlich? „Woher kommen die Waren? Warum gibt es so viele Autos? Warum . . . Warum?" Kinderfragen sind oft unbequem, aber sie müssen beantwortet und sogar provoziert werden, damit Kinder ihre Umwelt verstehen und sich in ihr zurechtfinden lernen.

Anita Heiliger
Angst

Ursachen und Folgen kindlicher Ängste

149 Seiten, kart. (92980)

Jede Kindergärtnerin hat mit Kindern zu tun, die Angst haben: Angst vor Trennung und Verlassenwerden, Angst vor Strafe, Nachtangst, Sprechangst, Verfolgungsangst. Jede Kindergärtnerin hat aber auch mit Müttern zu tun, die wegen der Ängste ihres Kindes ratlos sind. Viele Mütter wissen nicht, daß sie selbst viele unnötige Ängste erzeugen, um ihr Kind zu Wohlverhalten, Gehorsam und Unterordnung zu erziehen.

Dieses Buch macht es der Kindergärtnerin anhand von Fallbeispielen leicht, fundiert und klug zu beraten. Vor allem aber erweitert und vertieft es ihr eigenes Wissen.

Ingeburg Stengel
Sprachschwierigkeiten bei Kindern

Früherkennung und Hilfe bei Sprachstörungen und verzögerter Entwicklung

136 Seiten mit Abbildungen, kart. (92991)

Verzögerung der Sprachentwicklung und sprachliche Auffälligkeiten, wie sie der Kindergärtnerin bei manchem Kind begegnen, sind Alarmzeichen, die spätestens sie erkennen muß. Denn noch vor Schuleintritt muß mit einer Sprachbehandlung begonnen werden. Abwarten nützt nichts! Oft fällt der Kindergärtnerin die Aufgabe zu, die Eltern auf die Störung hinzuweisen. Hilfsmaßnahmen sind einzuleiten; über das richtige Verhalten dem Kind gegenüber muß gesprochen werden.

Dieses Buch vermittelt anhand von eindringlichen Beispielen das notwendige Sachwissen; die Fülle sprachfördernder Spiele (und die Hinweise für Gespräche und Rollenspiel) wird jede Erzieherin zu schätzen wissen — auch wenn sie keine sprachgestörten Kinder in der Gruppe hat.